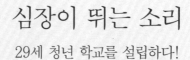

심장이 뛰는 소리

29세 청년 학교를 설립하다!

특별히 _____님께

이 소중한 책을 드립니다.

심장이 뛰는 소리

29세 청년 학교를 설립하다!

가현진 지음

Daniel K. Paxitzis

나침반

無 혈연! 無 지연! 無 학연!
40만원으로 시작한 서울 생활!
3명으로 시작한 학교!

나의 이야기는 죽은 이야기가 아니다.

지금도 꿈틀거리며 성장하는 현재 진행형의 스토리이다.

2009년 1월 추운 겨울!

새벽 첫차로 서울로 올라왔다.

가진 돈 40만원, 내 전 재산! 고시원 비용으로 35만원을 지불하고 남은 돈 5만원. 무작정 연세대, 고려대, 여러 교회 홈페이지 등에 들어가 영어를 가르친다고 홍보했다.

기적이 일어났을까?! 사람들이 몰려들었다. 120명의 학생과 함께 DEI란 영어 공부 모임을 시작했다. 월 회비 8만원! 총 수입 960만원! 카페 사용료, 교재, 및 기타 비용을 제외하면 한 달에 400만원 정도를 벌 수 있었다.

수입이 이렇게 많을 거라 생각하지 못했는데 나의 토론식 영어 수업은 인기폭발 그 자체였다. 친구가 친구를 소개하기 시작했고 영어 모임을 위한 대기자 명단까지 생기게 되었다.

박수칠 때 떠나라 했던가! DEI를 그만두기로 결정했다.

전문성을 기르고 싶었다. 영어교재 연구소에 입사해 토플책을 썼다. 책을 쓰는 것! 정말 즐거웠다. 얼마나 즐거웠던지 매일 콧노래를 부르며 회사에 출근했던 기억이 있다. 1년쯤 지났을까? 책을 쓰는 법을 배우고 나서는 일상의 반복이었다. 더 이상의 배움은 없었다.

두려웠지만 회사를 그만뒀다!

사표를 던지고 난 백수가 되었다. 어느 날 인터넷 서핑을 하다가 우연히 국제학교를 찾게 되었다. 왜일까? 무엇 때문일까? 심장이 뛰기 시작했다. 오랜만에 느껴보는 짜릿한 긴장감! 학교에 가기로 결정했다. 인터뷰를 봤다. 그리고 난 교사가 되었다.

그리고 얼마 후,

2010년 10월 17일, 난 3명의 학생과 학교를 시작했다.

괜찮다면 …

아직도 진행 중인 나의 이 이야기를 잠시 나눠볼까 한다.

가현진

Daniel K. Paxitzis
페이스튼 기독국제학교 교장

페이스튼의 앞날이 밝게 느껴지는 이유

'참된 교육'이라는 기치 아래 29세의 젊은 나이로 학교를 시작한 다니엘 교장은 가장 좋아하는 성경 속 인물이 다윗이라고 자주 이야기합니다. 다윗은 개인의 일대기가 온전히 보존된 인물이며 그의 이야기는 열정, 고뇌, 배반, 신앙, 가족이라는 세상사를 오롯이 담은 거대한 한 폭의 그림과도 같습니다.

이 책에 담긴 다니엘 교장의 자전적 이야기에도 역시 상처, 희망, 신앙, 가족, 열정 등이 담겨 있습니다. 자신이 어떤 어린 시절을 보냈고, 어떻게 성장하고 신앙을 가지게 되었으며, 미국 교육을 접하게 된 과정과 소회, 교육자로서의 삶을 시작하는 일련의 스토리를 접하다 보면 성경이 다윗에게 덧붙인 간단하면서도 우아한 설명이 떠오릅니다.

"하나님이 그와 함께 하셨다."

다니엘 교장은 두려움이 없습니다. 좌절하지 않습니다. 그리고 꿈이 있습니다. 그것은 모두가 공감하면서도 어찌하지 못하고 있는 이 땅의 교육을 바꾸는 것입니다. 입시 위주의 획일적 주입식 교육을 거부하고, 자유롭고 창의적인 교육이 진정한 교육이라고 생각합니다.

다니엘에게 세 친구가 있었던 것처럼, 많은 동역자들이 이 꿈꾸는 청년과 함께 하고 있습니다. 다니엘 교장과 동역자들의 신뢰가 페이스튼 기독국제학교를 성장시키고 있습니다. 올바른 가치관으로 무장한 젊은이들이 함께 하는 페이스튼의 앞날이 밝게 느껴지는 이유입니다.

대한민국 교육에 도전장을 내고 참된 교육을 실현하며 알찬 결실을 만들어가고 있는 다니엘 교장의 자전적 이야기인 이 책이 다니엘 교장의 염원처럼 누군가에게 참신한 도전이 되고, 누군가에게는 회복의 밑거름이 될 수 있기를 또한 기대합니다.

아울러 이 책을 읽는 독자들의 가정에 평안이 깃들고, 자녀 교육과 이 땅의 교육 환경에 대해 진지한 고민이 함께 있었으면 좋겠습니다. 다니엘 교장과 그 동역자들 그리고 페이스튼의 앞 날에 주님이 주시는 기쁨과 평안이, 그리고 영광이 함께 하길 기원합니다.

김은기
30대 공군참모총장 (예)대장/(전)극동방송사장

차례

TWENTY-EIGHT

TWENTY-EIGHT

이별, 그리고 새로운 시작

"Morning not only forgives, it forgets."
Marty Rubin

세인트루이스에서의 마지막 밤

미국에 온 지 벌써 11년이 넘었다.

영어의 장벽 앞에서 괴롭고 암울했던 고교시절을 보내고 대학교, 대학원 과정을 밟아왔다. 그리고 이제 난 지난 11년의 시간을 가방 두 개에 정리하기 시작했다. 숨가쁘게 살아온 지난날들이 배어있는 작은 수첩과 일기장 몇 개, 낡아지고 닳아진 전공 서적을 박스에 넣고 기억 속에 담았다. 작은 손가방에는 여권, 증빙 서류와 사진첩 그리고 아쉬움을 담고 잠자리에 들었다. 내일이면 한국행 비행기에 오른다. 어쩌면 오랜 기간 동안 돌아올 수 없는 여정이 될 거란 불안한 생각이 뇌리를 스쳐 지나간다.

쉽지 않았지만 억지로, 억지로 잠을 청했다. 하지만 한숨도 잘 수 없었다. 사실 두려웠다. 아내 그리고 얼마 전 태어난 딸, 내가 세상에서 가장 사랑하는 두 여인은 이미 지난달 한국행 비행기에 올랐다. 그리고 나도 가족과 함께하기로 결정했다. 대학원 과정을 그만두고, 미국 생활을 다 청산하고 귀국을 결정한 것이다.

새벽 4시, 몸이 조금 피곤했지만 정신만은 지극히 멀쩡한 상태였다. 무거운 몸을 일으켜 어제 밤 싸놓은 가방 두 개를 들고 공항으로 향했다. 이른 시간이라서 그런지 세인트루이스 공항엔 사람들이 많지 않았다.

티켓팅Ticketing을 하고 잠시 쉴 겸해서 커피전문점에 들어갔다. 짐을 앞에 두고 편안한 소파에 앉아 눈을 감았다. 그리고 잠시 생각에 빠졌다. 내가 가진 돈은 한화로 약 40만원.

난 한국에서 뭘 해야 할까?

앞으로 나에게 어떤 일이 벌어질까?

하나님께서는 나를 어떻게 인도하실까?

다른 아무것도 결정하지 못한 채 난 한국행만을 결정한 것이었다.

갑상선암은 암도 아니라지만, 아내는 치료를 위해 한국에 먼저 가야만 했다. 어린 아이를 돌보며 치료를 병행해야 하는 아내

를 두고 나 혼자 공부를 지속할 수는
없었다. 결정이 쉽지 않았지만 오히려
마음을 먹고 나니 귀국 과정은 신속하
게 이루어졌다.

'아내와 딸을 위해서라면 난 뭐든지
할 수 있어. 아니, 뭐든지 해야 해!'

태어난 지 2개월도 채 안된 딸아이
를 생각하며 잠시 눈을 감았다.

잠시 후 탑승 수속을 시작했다. 동

St. Louis에서 마지막 밤

양인은 찾아볼 수 없는 이 환경, 11년이나 살았지만 쉽게 익숙해
지지 않는다. 공항 출국 심사관이 묻는다,

"How long will you stay in Korea?"

한국에 얼마나 머물 거냐고?

나도 모르는 질문을 왜 하는 걸까?

누구나 다 받는 형식적인 질문이 나를 당황스럽게 만들었다.

"Approximately, six months!"

별생각 없이 대답했다. 그러나 과연 6개월 만에 돌아올 수 있
을까?

잠시 후, 시카고행 비행기에 몸을 실었다.

시카고 국제공항은 규모가 크고 시설이 좋았다. 일식을 파는

작은 식당에 들러 우동을 주문해 먹고 잠시 대기하다가 한국행 비행기에 올랐다. 밝게 웃는 백인 여성이 친절하게 좌석으로 안내해줬다. 많은 생각들이 스쳐 지나갔다. 한국으로 돌아가는 나. 그리고 새로운 시작. 과연 잘 할 수 있을까?

한국에서의 새 삶을 이야기하기 전에 잠시 짚고 넘어가야 할 것이 있다. 1987년 추운 겨울, 내 어린 시절의 이야기. 결코 말하기 쉽지 않은 그 이야기들을 이제는 공개해야 할 것 같다.

아직도 두렵다. 숨 막히는 공포와 내 머릿속에 사진처럼 남아 있는 한 장면, 한 장면의 기억들. 지금 이 순간에도 나를 위로한다. 그리고 말을 건낸다.

"이야기 해도 돼. 다니엘, 네 잘못은 아니었잖아."

그럼에도 나의 어린 시절의 이야기를 시작하는 것은 어려운 결정이다. 그저 나의 이야기가 책을 읽는 독자에게 새로운 도전과 회복의 밑거름이 될 수 있기를 바라며 이제 이야기를 해볼까 한다.

SEVEN

두려움 그리고 한줄기 빛

*"Even though I walk through the darkest valley,
I will fear no evil, for you are with me; your rod and your staff,
they comfort me."*
- Psalm 23:4 NIV

어둠 속을 걸어 나오다

1987년 겨울, 나는 7살이었다.

어렸을 때의 기억은 많지 않다. 하지만 내 머릿속에 뚜렷하게 각인된 몇 장의 흑백사진과 같은 기억이 있다. 아버지와 어머니의 사이는 좋지 않았다. 아버지께서는 술을 하셨다. 아주 많이!

그리고 술에 취한 아버지는 심한 욕설과 구타로 어머니를 괴롭혔다. 내 어린 시절은 끔찍한 악몽과도 같은 기억이다. 생각하고 싶지 않은 일들이 거의 매일 일어났다. 무서웠다. 7살의 어린 나이에도 집에 들어가기가 두려웠다. 가끔씩 집에 누워 있을 때 아버지의 발자국 소리가 들리기 시작하면 내 심장은 미친 듯이 뛰었다. 오늘은 무사히 넘어갈 수 있을까? 방 문이 열리는 소리를 들으며 난 마치 괴한에게 습격당하는 공포 영화 속 주인공이 된 것 같은 두려움에 숨쉬기가 힘들었다.

무섭고 두려운 하루 하루!

어린 시절 내게 아버지의 존재는 두려움의 대상이었다. 이세상 모든 좋은 것들의 반대편에 아버지가 있었다. 아버지와 같은 공간에서 숨을 쉰다는 것조차 내겐 괴로운 일이었다. 어느 날부턴가는 술에 취한 아버지가 나까지 때리기 시작했다. 나를 높이 들어 땅에 내동댕이쳤다. 나는 바위에 부딪쳤고, 마을 사람들은 웅성거리며 모여들었다. 숨을 쉴 수 없는 통증과 말할 수 없는 부끄러움! 밀려오는 수치감 속에서 나는 눈을 감아버렸다. 눈물을 흘렸다.

아픔보다 더 쓰린 것은 아버지가 나를 죽도록 미워한다는 사실이었다.

사람들의 시선 그리고 안타까워하는 웅성거림!

난 왜 태어났을까?

하나님께서는 왜 내게 이런 아버지를 주셨을까?

하나님께 기도했다. 아버지를 죽여달라고! 제발, 하루라도 아버지가 집에 안 들어 오기를! 불행하게도 이것이 어린 나의 절박한 기도였다.

다행일까 불행일까?

어머니는 아버지와 이혼을 하고 미국으로 떠나셨다. 그리고 얼마 후 서울에서 사업을 시작하기 위해 아버지 역시 집을 떠나셨다. 난 친할머니에게 맡겨졌고 그때부터 편히 숨을 쉴 수 있었다. 아버지의 학대 속에서 매일 지옥을 경험했기에 아버지 없는 삶은 곧 천국이었다.

할머니는 말수는 적지만 따뜻한 분이셨다.

늘 나를 품어 주셨고 나를 위해 기도해 주셨다. 새벽 기도를 하셨던 할머니. 성실하셨던 할머니. 사랑이 많으셨던 할머니. 내게 할머니의 존재는 천사와도 같았다. 아직도 할머니를 생각하면 마음이 편안해진다. 새벽 4시에 일어나서 성당에 가셨다. 다녀오면 아침을 준비하셨다. 김치, 장아찌, 그리고 된장찌개가 전부인 시골 밥상. 소박하다 못해 초라한 밥상이었지만 할머니의 음식은 꽁꽁 얼어버린 내 육체와 마음을 녹이는 온기였다.

할머니 그늘 아래에서 난 행복했다.

할머니에게 나는 장손이자 세상에서 가장 소중한 존재였다. 내가 잘못을 하든, 투정을 부리든, 소리를 지르든, 할머니에게 나는 늘 사랑을 쏟

사촌형, 할머니와 함께

아 부어도 아깝지 않은 귀한 존재였다. 감사하게도 할머니의 보살핌 아래 난 서서히 건강한 자아를 회복하며 자랄 수 있었다. 성경 말씀과 기도로 지도하시고 양육하셨던 할머니. 그런 할머니를 실망시켜드리는 것은 내겐 상상할 수도 없는 일이었다.

난 공부를 열심히 하거나 특별히 자랑할 거리가 많진 않았지만 시간이 나면 할머니 일을 돕고 어떻게 하면 할머니를 행복하게 해드릴 수 있을까 늘 고민했다. 그런 손자가 기특했던지 할머니는 기회 있을 때마다 모든 사람에게 내 칭찬을 하셨다.

어린 시절 할머니가 없었으면 난 어떻게 되었을까?

상상조차 하고 싶지 않다. 할머니의 존재는 나를 설명할 때 빼놓을 수 없는 부분이다. 흔들림 없이 사랑을 주셨던 할머니, 할머니를 기쁘게 해드리고 싶던 간절함이 나의 상처를 치유하고 건강한 영혼으로 회복시켜 주었다. 할머니의 가치관, 할머니의 신앙, 그리고 할머니의 헌신이 나를 만들어 가고 있었다.

TEN

자연에서

"Two roads diverged in a wood, and I took the one less traveled by.
And that has made all the difference."
- Robert Frost

잃어버린 시간 & 마음의 성장

충남 아산시 인주면 공세리, 나의 고향이다.

우리 집 앞엔 아산만이 있었다. 덕분에 10분만 걸어나가면 드
넓은 갯벌이 내 눈 앞에 펼쳐졌다. 갯벌에서 미끄럼을 타고 망둥
어를 잡고 놀았다. 그래서일까? 초등학교 1학년 시절, 난 학교에
간 기억이 거의 없다. 할머니에게는 이야기하지 않았지만 2학년
때도 산으로 바다로 뛰어다니며 놀았다. 아마도 난 학교라는 틀
이 싫었던 것 같다. 가방을 집 앞 창고에 숨겨 놓고 산으로 갔다.
산딸기를 따기도 하고 토끼를 쫓아다니기도 했다.

집 앞엔 100년 가까이 된 은행나무가 있었는데 난 그 나무를

나와 동생

무척이나 좋아했다.

어느 날 호기심에 그 나무에 올라갔다. 생각보다 나무 타는 것이 어렵지 않았다. 굵은 가지를 밟고 잔가지를 휘어잡으며 조심스럽게 올라갔다. 나무에 높이 올라갈수록 내가 사는 마을이 보이기 시작했다. 나무 위에서 사람들을 관찰할 수 있었다. 나무 끝까지 올라갔을 때의 그 황홀한 기분을 지금도 잊을 수 없다. 그 나무는 내게 친구와 같은 존재였다. 나무 위에 앉아 바람을 맞으며 행복한 시간을 보냈다. 가끔씩은 과자를 가지고 올라가기도 하고 나무에 기대어 잠을 자기도 했다.

난 나무와 숲을 좋아했다. 바다와 바람을 사랑했다.

들로 뛰어다니고, 산속을 누비는 나는 자유로운 영혼이었다. 지금도 난 어떤 새로운 것을 상상할 때면 초등학교 때 만끽했던 숲과 바다를 생각한다. 나의 작은 아지트였던 그 은행나무를 생각한다. 그러면 어느새 마음에 평안이 찾아오고 나의 영혼은 한없이 자유로워진다. 어린 시절 자연은 내게 쉼을 주었다. 그리고 나는 자연을 통해 여유와 평안을 배웠다.

FIFTEEN

선생님을 만나다

"Education is what remains after one has forgotten everything he learned in school."
- Albert Einstein

교생 선생님과의 만남 "역사 수업!"

이른 봄, 중학교 2학년 역사수업을 어느 교생선생님이 맡으셨다. 당시엔 교생이 뭔지를 알지 못했다. 나에게 선생님은 모두 다 같은 선생님이었다. 난 선생님을 좋아하지 않았다. 사실 공부를 좋아하지 않았다는 것이 더 맞다. 난 공부를 못했다. 그래서 공부를 좋아하지 않았다. 나에게 공부란 수업을 듣고 칠판에 쓰여진 내용을 받아 적고 암기해서 시험을 보는 아주 지루한 일과에 불과했다. 누가 공부를 만들었을까? 공부는 대체 왜 해야 할까? 누구도 나에게 공부의 중요성을 설명해 주지 않았다. 나에게 공부는 그저 아무 의미 없는 일상의 반복이었다.

그래서 공부를 하지 않았다.

그러던 어느 날 나에게 변화가 찾아왔다.

2학년 역사수업!

역사 교생선생님과의 만남!

선생님은 여대생이었다. 아름다웠다. 그 선생님은 최선을 다해서 수업을 가르치셨다. 물론 난 공부를 하지 않은 채 중간고사를 치렀다. 내 점수는 평소와 비슷하게 32점!

교생선생님은 나를 미워하지 않았다. 32점인데도 나를 귀여워해 주셨다. 내가 공부를 잘하지 못해도 나를 야단치지 않는 선생님은 처음이었다. 공부를 못해도 교무실로 불러 사탕을 주시고 나를 응원해주시는 선생님이 생긴 것이다. 이런 사소한 사건들이 나에게는 큰 충격으로 다가왔다. 선생님은 나를 진심으로 좋아해 주셨다. 내가 무엇인가를 잘해서가 아니라 그저 선생님의 학생이란 이유로 나를 좋아해 주신 것이다.

이 선생님과의 만남이 나를 흔들기 시작했다.

얼마 지나지 않아 선생님은 대학으로 돌아가셨다. 그리고 난 알 수 없는 감정에 휩싸여 며칠 동안 학교에 나갈 수 없었다. 너무나 슬펐다. 울고 또 울었다. 그리고 다시 간 학교는 여전했다. 아무것도 변하지 않았다. 시끄러운 아이들, 여기저기 뛰어다니는 친구들, 혼 내시는 선생님들…… 지루한 일상의 반복이었다. 변한 것은 없었지만 내 마음은 달랐다. 난 선생님이 그리웠다. 너무나도 보고 싶었다. 그 당시 유행했던 모노의 '넌 언제나'라는 노래를 부르며 남몰래 슬퍼했던 기억이 난다.

공부와 대면하다!

역사책을 펼쳐 보았다. 교생선생님이 가르쳐 주신 내용…… 역사! 난 역사를 좋아하지 않았다. 역사는 왜 공부하는 걸까? 난 선생님께서 수업하실 때 책상 아래로 몰래 라면을 부쉬 먹으며 조용히 만화를 그렸다. 내 역사책은 그림과 낙서로 가득 차 있었다. 우선 난 지우개로 낙서들을 지우기로 했다. 그리고 태어나서 처음으로 교과서를 읽었다. 내가 교과서를 읽기 시작할 즈음, 기말고사 기간이 다가왔다. 그 때까지 난 시험을 공부해 본 적이 단한 번도 없었다.

그런 내게 작은 변화가 일어났다.
역사 공부를 시작한 것이다. 기말고사는 3일 동안 치러졌다. 다른 친구들은 영어, 수학, 과학, 사회, 한문, 역사, 미술, 체육 등 10과목 이상 공부했지만 난 역사만 공부했다. 시험 둘째 날, 역사 시험이 진행됐다. 시험이 시작되기 전까지 역사책의 시험 범

위를 20번 넘게 읽었다. 처음에는 무슨 내용인지 모르고 그냥 읽기만 했다. 어디를 공부해야 할지도 몰랐고 무엇을 외워야 하는지도 몰랐다. 그냥 읽기만 했다. 한 다섯 번쯤 읽었을까. 이 즈음부터는 내 나름 중요해 보이는 내용은 공책에 적었다. 그리고 소리 내어 읽었다. 난 내가 뭘 하고 있는지 그때는 사실 잘 몰랐다. 그저 선생님이 그리워서 역사책을 반복해서 읽었을 뿐이다. 읽고 읽고 또 읽고, 난 역사를 알게 되었다. 딱딱한 내용의 역사가 나에게 이야기로 다가왔다. 내 나름대로의 방식으로 역사의 줄거리를 연결하고 머릿속으로 이야기를 생각하며 공부를 마무리했다.

시험날, 처음으로 내가 긴장하고 있음을 느꼈다.

역사 시험지를 받았다. 최선을 다해서 시험을 치렀다. 결과는 놀라웠다. 96점! 태어나서 처음으로 체육 이외의 과목에서 90점을 넘은 것이다. 믿겨지지 않는 현실을 난 받아들여야 했다. 이것을 현실로 인정하는데 힘들었던 사람은 나뿐만이 아니었다. 우리 반 아이들, 그리고 역사 선생님조차도 내 점수를 믿을 수 없어 하는 눈치였다. 선생님께서 내 이름을 부르셨다.

"가현진, 일어나! 얘들아! 현진이가 이번 시험에 96점을 받았다. 박수! 근데 내가 알고 싶은 건 현진이가 96점 맞는 동안 너희들은 뭘 했냐는 것이다. 50점 이하 다 일어나! 1점당 1대씩이다!"

곧 비극이 시작됐다. 매를 맞는 아이들의 비명소리가 들리기 시작했다.

'아! 미안하다, 친구들아.'

이렇게 해서 난 공부를 시작했다.

역사 시험에서 96점을 맞은 난 이제 한문 공부에 돌입했다.

이어 사회와 영어도 공부했다. 암기 과목은 책을 보며 공부했다. 특별히 공부를 해 본 적이 없는 나로선 교과서를 읽는 것 외에 할 수 있는 것이 없었다. 방과 후 집에 돌아오면 각 과목의 교과서를 읽었다. 생각보다 공부가 재미있었다.

2학기에 접어들자 난 이미 달라져 있었다. 이내 주변의 시선도 조금씩 달라졌다. 난 선생님의 말씀을 잘 듣고, 필기를 하고, 공부를 했다. 곧 2학기 중간고사를 치렀다. 난 더 이상 열등생이 아니었다. 평균이 80점이 넘으면서 중상위권으로 도약했다.

중3이 된 나는 본격적으로 고등학교 입시에 집중했다.

암기 과목은 내게 그리 어려운 과목이 아니었는데 수학은 예외였다. 기초가 없는 내게 수학 수업은 아무 의미가 없었다.

난 초등학교 수학도 제대로 알지 못하는 상황이었기 때문이다. 그렇다고 수학을 포기할 순 없었다. 결국 초등학교 5학년 수학부터 다시 공부하기로 마음먹었다. 그리고 초등과정 책을 구해 공부하기 시작했다. 저학년 책부터 공부하니 생각보다 수학이 어렵지 않았다. 초등 과정을 몇 개월 만에 마치고 중등과정 수학으로 넘어갔다. 곧 중3 과정을 공부할 수 있었다. 6개월쯤 지났을 때 수학에도 자신이 생겼다.

원래 난 공업고등학교에 입학할 계획이었으나 인문계 사립학교에 입학하게 되었다. 고등학교에 입학하면서 그 어느 때보다 열정적으로 공부하기 시작했다. 어느새 난 다른 사람이 되어가고 있었다.

무엇이 나를 변화시킨 걸까?

나를 믿어 주셨던 그 교생 선생님. 그 분이 나의 삶을 바꿔 놓았다. 태어나면서부터 공부를 잘하는 사람은 없다. 다만, 어떤 계기를 만나 공부를 열심히 하면 누구든 공부를 잘할 수 있다. 공부는 못하는 것이 아니라 안 하는 것이다. 억압적인 환경에서 공부를 강요받다 보니 공부를 싫어하게 되는 경우가 많이 있다. 그렇지 않으면 당장 성과를 얻어내기 위해서 공부를 해야 했기 때문에 공부가 부담이 되고 짐이 된 경우도 많다. 난 누구나 공부를 잘 할 수 있다고 믿는다. 다만 공부를 하면서 내가 깨달은 것은 결국 공부는 스스로 해야 한다는 것이다.

미국으로!

내가 공부를 시작한 중학교 2학년 어느 봄날, 할머니가 돌아가셨다. 그리고 아버지가 돌아오셨다. 사실 그 역사 교생선생님과의 만남이 기폭제가 되어 공부를 시작했지만 할머니가 돌아가신 슬픔을 잊기 위해, 아버지와 함께 살고 싶지 않아서 더 열심히 공부했던 기억이 있다. 고등학교를 사립형 기숙학교에 들어가 아버지를 떠나고 싶었던 것이다.

결국 난 아버지를 떠나 기숙사가 있는 고등학교에 입학하게 되었다. 고등학교 1학년을 마칠무렵 IMF 사태가 한국을 뒤덮었다. 밀가루 가격이 오르고 초콜릿이 비싸진 것 말고도 IMF때문에 많은 기업들이 무너졌다. 아버지의 사업 역시 엄청난 타격을 받으며 산산조각 났다. 나와 동생은 다시 미국에 있는 어머니에게 보내졌다.

어머니는 내게 참 그리운 분이셨다. 일곱 살 때 이후 한 번도 만나본 적 없던 그분. 난 어머니와 새 가정을 꾸린 토마스 팩시디스Thomas Paxitzis란 미국 분에게 입양되었다.

17세에 입양이라?

흠. 다 큰 나이에 그것도 새아버지에게 입양이 되는 어색한 상황을 거쳐 나는 새 가정을 얻게 됐다.

나는 한국의 고등학교를 그만두고 미국비자를 받기 위해 바쁘게 움직였다. 미국에 계신 새아버지의 초청으로 비자를 받을 수 있었고 나와 동생은 곧 미국에 가게 되었다.

태어나서 처음으로 타는 비행기, 영어로 자유롭게 대화하는 사람들, 키가 크고 자신감이 넘치는 미국인들의 사회로, 나는 아무런 준비도 되지 않은 채 던져지게 된 것이다.

미국? 어떤 곳일까? 막연한 기대와 환상을 가지고 1999년 봄, 김포공항으로 향했다. 미국행 비행기에 올랐다. 그리고 난 새 출발을 다짐하고 준비하기 시작했다. 미국, 그 기회의 땅! 나에게도 기회가 될 수 있기를!

SEVENTEEN

SEVENTEEN

미국 교육

Success is walking from failure to failure with no loss of enthusiasm.
- Winston Churchill

레퀘이 하이스쿨

미국에 도착한 며칠 뒤 미주리주 안에 있는 레퀘이라는 작은 마을의 공립 고등학교에 편입학했다. 영어를 거의 할 수 없었던 나에게는 험난한 도전의 시작이었다. 학교에는 왔지만 아무것도 알아들을 수 없는 상황에서 내 가 할 수 있는 것은 많지 않았 다. 아마 이때부터 난 대화할 때 마다 어색하게 웃는 버릇과 고 개를 끄덕이며 눈치를 보는 습 관이 생긴 것 같다. 난 한 학년

동생(David)과 함께

을 낮춰 고등학교 2학년 Sophomore으로 수업을 듣기 시작했다.

첫 수업은 '미국 역사', 내가 가장 자신 있었던 과목이자 내 공부 열정의 불씨가 되어준 바로 그 과목이 애석하게도 하루 아침에 공포가 되었다. 그래서 난 더욱 처참하게 무너졌다. 새로 산 노트에 아무것도 적지 못 했다.

키가 190cm는 족히 돼 보이는, 일리노이 출신의 남성 역사 선생님은 여자 아이들에게 인기가 많은 듯 보였다. 난 지금까지도 그 선생님이 수업시간에 뭐라고 말했는지 전혀 알 수 없다. 수업에 처음 들어간 나를 응시하고 "Hi"라고 말했을 때 나도 "Hi, Sir"라고 대답한 것 외에 난 시종일관 침묵했다. 50분의 역사 수업이 50년처럼 느껴졌다. 내 자신에게 질문을 쏟아냈다. 내가 이 학교를 다닐 수 있을까? 뭘 어떻게 해야 하지? 전혀 못 알아 듣겠는데 이런 수업이 나에게 무슨 의미가 있지? 왜일까? 바보같이 난 미국에 올 때, 영한사전 하나도 챙겨오지 않았다. 답답하고 막막했다.

하지만 절대 긍정의 삶을 살았던 내게 '포기'는 없다.

며칠을 고민하고 고민하다가 방법을 하나 찾았다. 내가 생각한 것은 단순했다. 난 영어를 못한다. 학교 수업을 알아들을 수 없다. 공부를 하든 숙제를 하든, 그런 것들은 지금 나에게 우선 순위가 아니었다. 일단 선생님이, 친구들이, 내 주위를 둘러싸고 있는 미국 사람들이 무슨 말을 하고 있는지 알아 듣는 것이 급선무라고 판단했다. 이런 점에 있어서 미국 고등학교는 좋은 점이 한 가지 있었다. 그건 학교가 2시 정도면 마친다는 것이었다. 내겐 시간이 많았다. 마음만 먹으면 2시부터 12시까지 매일 10시간 가까이 공부를 할 수 있는 것이다.

나는 모든 것을 잠시 포기하기로 했다.

학교공부, 숙제, 모든 것을 다 내려놓고 영화를 보기 시작했다. 매일 9~10시간 가까이 영화를 봤다. 레오나르도 디카프리오 주연의 '타이타닉'이란 영화는 20번 넘게 본 것 같다. 난 액션 영화보다 로맨틱 코미디나 교육 혹은 대학을 배경으로 해서 찍은 영화들을 사들이기 시작했다. 영화를 싫어하지는 않았지만 매일 영어로 외국 영화를 본다는 게 쉬운 일은 아니었다. 사실 좀 지루하기도 했다. 그럼에도 최대한 내가 관심이 있는 분야의 영화를 찾아보면서 의식적으로 영화 보는 것을 즐기려고 노력했다.

한 달쯤 지났을까? 영화를 보며 온갖 쇼를 다 한 것 같다. 영한사전을 구입해서 단어 하나 하나를 다 찾아가면서 느릿느릿 보기도 하고, 영어 자막을 틀어 놓고 보기도 하고, 귀찮아서 그냥 보기도 하고, 수많은 방법을 반복해 사용해가면서 꾸준히 영화를 봤다.

같은 영화를 반복해서 본 효과였을까? 3달쯤 지나자 조금씩 영화의 내용이 이해되기 시작했다. 처음엔 눈치로, 느낌으로 알아듣는 부분이 많았지만 시간이 지나면서 난 그들의 말을 조금씩 더 자세하게 이해할 수 있었다.

8개월쯤 지났을까? 쉬운 표현들은 거의 다 이해할 수 있었다. 무엇보다도 듣기와 독해력이 놀랍게 향상됐다. 그때부터 차츰 학교 공부를 조금씩 병행하기 시작했다.

수학은 나에게 아주 쉬운 과목이었다. 대수학 II Algebra II 는 어렵지 않게 공부할 수 있었고 역사History와 영문학Literature도 조금씩 이해가 되기 시작했다. 2학년 2번째 학기에 난 우수한 성적을 받았다. 사실 내 실력이 좋아서라기보다는 미국 공립학교에서는 열심히만 하면 좋은 성적을 주기 때문이라는 생각이 들었다.

고등학교 3학년 주니어Junior 과정에 올라갈 즈음, 난 다시 고민에 빠졌다. 나에게 미국 공립학교 교육은 한국 학교 과정보다 훨씬 쉬워 보였다.

'이런 식으로 공부해서 미국 대학은 준비할 수 있을까? 미국 대학은 입학하는 것보다 졸업하는 게 어렵다던데. 이런 식으로 공부하면 되는 걸까?'

내 주위 친구들은 대학에 전혀 관심이 없어 보였다. 매일 파티에, 운동에, 놀이에 하루하루를 보내는 그들을 보면서 나는 조금씩 두려워지기 시작했다. 우리 학교 선배들을 살펴보니 대부분

가족과 함께

레퀘이 하이스쿨 시절

학교를 졸업하고 하는 것 없이 빈둥거리는 것 같았다.

난 좋은 대학에 가고 싶은 열망이 있었다. 17년 동안 한국에서 성장한 나에게 대학은 삶의 가장 중요한 부분 중 하나였다. 그런데 이 학교를 통해서 내가 대학에 입학할 수 있을까? 어쩌면 이곳이 나의 꿈을 책임져줄 수 없을 것 같다는 생각을 하기 시작하면서 심각한 고민에 빠졌다.

자퇴 그리고 레스토랑 웨이터!

심사숙고 한 끝에 나는 고등학교 3학년Junior: 미국 고등학교는 4년제이다이 되면서 학교를 그만뒀다. 대신 미국검정고시GED를 공부하기 시작했다. GED는 생각보다 어렵지 않았다. 문학에서는 다소 난해한 부분이 있었지만 다른 부분들은 조금만 준비하면 할 수 있을 것 같았다. 학교를 그만두고 난 뒤, 오전엔 레스토랑에서 일을 했고 저녁엔 교회 도서관에서 GED 공부에 매진했다. 말 그대로 주경야독의 생활이었다.

레스토랑에 취직한 이유가 단순히 돈만은 아니었다. 대학에 갈 때 금전적 도움을 받을 수 있는 부분도 중요했지만 그것 못지않게 난 일을 하며 살아있는 영어를 배우고 싶었다. 고민 끝에 웨이터가 되기로 결정한 것이었다. 교회 집사님께서 운영하시는 레스토랑에 가서 처음에는 설거지를 했다. 영어가 자유롭지 못한 내가 처음부터 웨이터를 할 수는 없었기 때문이다. 그래서 설거지와 청소 일을 하며 레스토랑 일을 익혔다. 그리고 얼마 뒤 눈치 빠르게 일을 익힌 내게 웨이터의 직분이 주어졌다.

"웨이터!"

아직도 미국인들이 나를 향해 손을 들어 눈짓을 보내는 모습이 기억난다. 난 웨이터라는 직업을 좋아했다. 누군가가 나를 부르면 신속하게 가서 그 손님들의 필요를 채워줄 수 있는 사람.

"Can I get some more coke?"

"May I get an extra plate?"

"Can you bring me the menu again?"

"May I get some more coffee, please?"

한국 식당에서는 음식만 갖다 주면 특별히 해 줄 부분이 많지 않다. 반면에 미국 레스토랑에서는 음식 맛도 중요하지만 웨이터 Waiter나 웨이트리스Waitress의 서비스의 질이 아주 중요하게 여겨진다. 많은 단골 손님들은 사실 웨이터의 능숙한 서비스와 친절을 기대한다. 그리고 손님들은 웨이터와 짧게 진행되는 대화를 통해 가족들과 함께 유쾌하게 웃기도 하고, 데이트를 하며 멋을 내기도 한다. 때론 날씨, 스포츠, 시사에 대한 대화를 통해 관계 맺는 것을 좋아한다.

이런 모든 것들이 나에겐 커다란 배움이었다. 학교에서 배울 수 없었던 살아있는 영어와 문화들을 배웠다. 처음에는 참 많은 실수를 했다. 영어가 자유롭지 않아서 몸도 힘들었다. 뭘 요구하는지 알아듣지 못해, 웨이터 동료들에게 도움을 청해 위기를 넘긴 민망한 순간도 무척이나 많았다.

대개 웨이터의 기본급은 아주 적다. 내 시간 수당은 고작 2달러지만 내가 서비스한 각 테이블의 팁은 내 것이었다. 어떤 면에서 웨이터는 레스토랑 사장과 동업을 하는 형식이다.

레스토랑은 음식을 제공하고 웨이터는 프리랜서로서 서비스를 제공하는 방식이다. 레스토랑 주인은 음식값을 받고 웨이터는 서비스의 비용을 받는 것이다. 일반적으로 손님들은 음식값의 10~20% 정도를 팁TIP으로 테이블 위에 올려놓고 나간다. 이 팁은 손님들이 웨이터의 서비스를 평가하는 기준이 된다. 처음 일

사랑하는 가족
Rachel, Dad, 엄마, 남동생

을 할 때, 내가 받은 팁은 기본을 넘지 못했다.

5%의 팁을 주고 간 손님들도 많았다. 내 팁은 동료 웨이터들의 것에 비해 훨씬 적었다. 내가 팁을 잘 받지 못한다는 것은 내 서비스가 만족스럽지 않다는 것이었고, 이는 나를 믿고 고용한 레스토랑 사장님께도 참 죄송한 일이었다. 음식은 전문 쉐프를 통해 맛있게 제공되는데 서비스의 만족도가 낮아서 손님들이 레스토랑을 다시 찾지 않을 수 있다는 생각에 이르자 정신이 번쩍 들었다.

이때부터 식당 영어를 공부하기 시작했다. 유용한 표현들을 완벽하게 암기하기 위해 수백 번씩 연습했다. 그리고 손님 유형에 따라 어떤 부분을 채워줘야 하는지도 고민하며 행동하기 시작했다. 조금 내성적인 손님에게는 테이블에 찾아가서 계속 뭐가 필요한지 묻기보다는 손님의 음료를 수시로 체크하고 컵이나 잔이 비었을 때, 조용히 채워 주었다. 그리고 이야기하기 좋아하는 손님과는 잠시 시간을 내서 이야기를 나눴다. 물론 내가 말할 수 있는 간단한 대화만 했다. 처음에는 날씨에 대한 이야기를 많이 했던 것 같다. 미주리Missouri주의 날씨는 한국과 유사했다. 사계절과 일교차! 감사하게도 날씨 이야기는 누구에게나 부담 없는 편한 대화였다. 그리고 무조건 밝게 웃었다.

또한 향기에 민감한 미국 사람에게 이미지를 보여주기 위해 미국 사립학교 스타일의 캐주얼 양복과 넥타이를 매고 애버크롬비Abercrombie 향수를 살짝 뿌렸다. 많은 사람들이 나에게 어떤 향수를 쓰냐고 물었다. 보통의 웨이터들은 편한 복장에 레스토랑에서 제공하는 셔츠를 입고 일했기 때문에 나의 차별화 전략은 대성공이었다.

이렇게 난 서서히 미국 문화를 배우며 그 문화 속에 젖어 들기 시작했다. 덩달아 내 팁도 두둑해졌다. 심지어 어떤 손님은 30달러 음식을 먹고는 40달러 팁을 주고 간 일도 있었다. 젊은 청년이 성실해서 보기 좋다는 격려와 함께 말이다. 이렇게 감동의 선물은 계속해서 이어졌다. 감사한 마음에 난 진심을 담아 웨이터의 역할을 담당했다. 하루하루가 행복하고 즐거웠다.

오전 9시부터 저녁 8시까지의 일과를 마치면 다리가 다 풀릴 정도로 힘들었다. 하루 종일 몇 십 마일을 뛴 기분이었다. 고된 하루를 마치면 집에 가서 샤워를 하고 교회 도서관으로 향했다. 그리고 12시까지 공부를 하고 잠들었다. 몸은 많이 피곤했지만 마음이 참 평온했다. 내 힘으로 돈을 벌 수 있다는 사실이 기뻤고 미래를 위해 최선을 다하고 있다는 생각에 흥분되었다.

일이 익숙해지면서 난 웨이터 일을 조금 줄이기로 마음먹었다. 공부를 할 수 있는 시간이 너무 적었기 때문이다. 나는 레스토랑 사장님께 일주일에 3일만 일하겠다고 말씀 드렸다. 그리고 서서히 내 꿈을 향해 나아가기 시작했다. 서점에 들러 시험 서적을 더 구입하고 본격적으로 공부할 준비를 마쳤다. GED, ACT, SAT 전문 서적들, 시중에 나와있는 고교 시험 서적을 모두 구입했다. 젊음의 열정과 패기로 책과의 씨름에 도전장을 냈다.

공부, 공부, 또 공부

월, 수, 금 총 3일, 내가 레스토랑에서 일하는 시간. 이 시간 또한 나에게 아주 중요한 수업 시간이었다. 미국 문화와 영어 회화를 연습할 수 있는 시간. 현장에서 받을 수 있는 살아있는 수업! 하지만 대학 입학을 위해선 일상의 영어회화 실력만으로는 많이 부족할 것이라는 생각이 들었다. 미국 대학에서 공부하는 수준의 교과서를 보고 소화할 수 있는 능력을 길러야만 했다.

나는 단순하게 공부하기 시작했다. 매주 화,목,토 3일은 나에게 실질적으로 주어진 학습 시간이었다. 월마트Wal-Mart에서 볼펜과 공책을 구입하고 당장 그 날 저녁부터의 학습계획을 짰다. 사실 두려웠다. 나름 고민 끝에 학교를 그만두고 혼자 공부한다고 했을 때, 가족과 교회 분들은 나를 믿고 지지해 주셨다. 그러나 정작 처음 보는 어휘들로 가득한 책을 펼치면 자신감이 순식간에 사그라들며 잘할 수 있을지 막막해졌고, 때론 심하게 걱정이 됐던 것도 사실이다. 결정이 옳았던 걸까? 친구들은 다 학교에 다니는데 나 혼자 뭐 하는 거지? 또한 처음에는 학생 신분으로 식당에서 일을 하고 교회에서 공부하는 것도 무척이나 어색했다. 그러나 나를 여기까지 인도하신 하나님. 기도하며 결심하게 하신 하나님께서 모든 것이 합력하여 선을 이루게 해주시리라 믿으며 새 힘을 얻었다.

공부한지 5개월 즈음 됐을까? 미국고교과정 검정고시GED에 응시하고 패스했다. 드디어 난 미국 대학에 입학할 수 있는 기본 자격을 갖춘 것이다. 나름 열심히 한 보람을 느낄 수 있었다. 영어를 능숙하게 잘하지는 못하지만 나도 열심히 하면 되는구나!

자신감을 얻은 나는 미국수학능력평가시험 SAT와 ACT공부에 박차를 가했다. 그리고 집 근처에 있는 야간 대학에 등록했다. 미국 중소형 도시엔 커뮤니티 칼리지Community College라고 불리는 2년제 대학이 많이 있다. 대부분 직장인들이나 나이 들어 배움을 원하시는 분들이 등록하고 다닌다. 나는 미국 대학 수업을 경험하고 싶어서 강의를 신청했다. 여러 많은 강의들이 있었는데 수학과 미국 역사를 수강했다. 수학은 자신 있는 과목이라서 점수를 얻기 위해 신청했고 미국 역사는 내게 가장 취약한 부분이기 때문에 이번 기회에 제대로 공부하고 싶었다.

처음으로 경험하는 미국 대학교!
아르바이트를 해서 모은 돈으로 수강료를 지불했다. 긴장이 되고 기대도 됐다. 아이비리그와 같은 사립대도 아니고 미국 주정부가 운영하는 큰 주립대도 아니었지만 미국에 와서 처음으로 대학 수업을 듣는다는 것 만으로도 흥분됐다. 어쩌면 학교를 그만두고 막연하게 두려웠던 부분이 있었는데 대학수업을 등록하면서 뭔가 안도감을 갖게 된 건지도 모르겠다. 아무튼 흥분과 기대, 새로운 경험에 대한 호기심을 가지고 첫 수업에 참석했다.
어느 화요일 저녁 7시, 1시간 30분짜리 강의를 듣기 위해 차를 몰고 강의실로 향했다.

첫 수업 그리고 첫 데이트!

첫 수업은 칼리지 알지브라College Algebra 수학 수업이었다. 한국에 있을 땐 내가 수학을 잘 한다는 생각을 하지 않았는데, 미국에 와서는 가장 만만한 과목이 수학이 되었다. 말로 하지 않고 숫자로 할 수 있는 과목이어서 행복했다.

첫 수업이라서 늦지 않게 온다고 너무 서둘렀나 보다. 강의 시작 20분 전에 도착했다. 강의실은 조용했다. 창 밖엔 가로등이 보이고 열린 창문 사이로 바람이 불어왔다. 내가 좋아하는 가을 바람이었다. 스치는 바람에 낙엽이 떨어지고 나뭇잎 부딪치는 소리가 내 마음을 평온하게 해주었다.

열린 창문을 조심스럽게 닫고 두 번째 줄에 자리를 잡고 앉았다. 수업시간이 가까워지자 학생들이 들어왔다. 학생이라고 부르기에는 조금 나이가 많은 분들도 몇 분 계셨다. 그리고 60대로 보이는 나이 지긋한 교수님 한 분이 몇 권의 수학책을 들고 들어오셨다. 조금 차가운 말투로 반갑다 인사를 건네시곤 즉시 강의에 대한 설명을 시작하셨다. 내 기대와는 조금 다른 어색한 시작이었지만, 첫 수업인 만큼 마음을 다잡고 집중해서 설명을 들었다.

5분쯤 지났을까? 한참 교수님의 설명에 집중하는데 젊은 백인 여성 한 명이 강의실 앞쪽 문을 열고 들어왔다. 그리고 두리번거리며 자리를 찾다가 내 옆에 앉았다. 누가 봐도 매력적인 여성이었다. 금발 머리, 하늘색 눈, 그리고 사랑스런 미소! 모두의 시선을 사로잡았다. 난 아무렇지 않은 듯 수업에 집중했다.

"Hi, I am Julie! What's your name?"

옆자리에 앉은 그녀가 소근거리며 인사를 건넨다.

"Hey, nice meeting you! I am Daniel. We are on page 12."

그녀는 급하게 책을 펼치며 감사의 표시로 내게 밝은 미소를 지었다. 다시 봐도 매력적은 여성이었다. 1시간 30분 수업이 생각보다 일찍 끝났다. 첫 수업이라 긴장을 했던 탓인지 시간가는 줄 모르고 집중하던 중 수업이 끝나 버렸다.

과제를 받아 적고 가방을 챙기는 나에게 줄리Julie가 말을 건다.
"Daniel! So, what's the homework for today?"
밝게 웃으며 질문하는 그녀의 모습이 참 매력적이었다.
"Hold on a second! I wrote on the book."
책을 펴서 과제를 알려주고 함께 강의실을 나왔다. 주차장으로 걸어나오며 잠시 나눈 대화를 통해, 난 그녀가 이 지역 공군부대에 배치받은 미국 여군이라는 사실과 공군에서 제공해주는 장학금을 통해 야간 수업을 듣게 됐다는 사실을 알게 됐다.
이렇게 여리고 가냘픈 여학생이 군인이라니!
나의 귀를 의심하고 재차 확인했지만 이 여학생은 여군이었다. 아무튼, 짧게 인사를 마치고 그녀와 헤어졌다.
그리고 다음 수업, 또 다음 수업, 그녀는 강의 때마다 내 옆자리로 와 앉았다. 시간이 지나며 우리는 자연스럽게 친해졌다. 수업이 끝나면 함께 자판기 음료를 마치고 잠깐씩 이야기를 하고 돌아왔다.

줄리는 캘리포니아 로스앤젤레스 출신이었다. 고등학교를 졸업하자마자 군입대를 한 것이다. 군복무가 남자들의 의무인 한국과 달리 미국에서는 가정형편이 좋지 않을 경우 돈을 벌기 위해서, 혹은 대학 학비를 지원받기 위해서 군입대를 결정하는 경우가 남녀를 가리지 않고 많은 편이다. 이 아이도 그래서 군입대를 결정한 것으로 보였다.

어느 날 수업을 끝내고 나오는데 줄리가 말했다.
"Daniel, can you come over to my barracks this weekend?"
줄리는 군에서 제공해주는 여자기숙사에서 지내고 있었다. 시험공부를 같이 하자고 나를 그녀의 숙소로 초대한 것이다.
나는 사실 그녀의 숙소에 도착하기 전까지 그곳이 여자기숙사인지 몰랐다. 그저 그녀가 가르쳐준 장소에 도착했을 때 깨달았다. 내가 도착한 이 곳이 바로 여군들이 묵고 있는 기숙사구나!
그녀의 숙소 문 앞에 도착해 초인종을 눌렀다.
"딩동! 딩동!"
문 앞에 서있는데 거의 속옷 차림의 편한 복장을 입을 여인들이 아무렇지도 않게 내 옆을 지나갔다. 긴장되었지만 나도 아무렇지 않은 척 다시 초인종을 눌렀다.
'사람을 불러놓고 왜 이렇게 안 나오는 거야!'
얼마쯤 시간이 지났을까? 긴 수건으로 온 몸을 두르고 작은 수

건으로 머리를 털면서 그녀가 나왔다.

"Hey, Daniel! I didn't know you were here. I was taking a shower!"

'뭐? 내가 곧 도착할 걸 알면서 샤워를 했다고? 자기 전에나 할 것이지. 참 이상한 아이야.'

그녀의 인도를 따라 숙소 안으로 들어갔다.

"Daniel, you can sit over there!"

그녀는 자신의 책상을 가리켰다.

"Thank you!"

그녀의 책상에 앉아 난 수학책을 꺼냈다.

그녀는 옷장 안쪽에서 옷을 입고 나왔다. 옷이라고 표현하기에는 민망할 정도로 짧은 핫팬츠에 너무나도 헐렁한 탱크탑Tank top을 입고 아무렇지도 않게 돌아다니는 그녀!

"Daniel, do you want something to drink?"

"No, thank you, Julie. Let's study! We don't have much time."

이 어색한 상황을 돌려보고자 내가 먼저 공부를 시작하자고 제안했다. 그리고 수학 문제를 풀기 시작했다. 줄리는 책상으로 오지 않고 침대에 다리를 꼬고 앉아서 수학책을 넘기며 나를 힐끔힐끔 쳐다보았다. 우리는 그렇게 어색하게 앉아서 잠시 동안 수학을 공부했다.

몇 분이 지났을까? 줄리가 질문이 있다고 나를 불렀다. 나는 그녀의 침대에 앉아 함께 수학문제를 풀었다. 그런데 그녀는 설명에 관심이 없어 보였다.

'관심도 없으면서 왜 물어보지?'

그녀와 너무 가까이 앉았을까? 내 쪽을 향해, 침대에 팔을 괴고 앉아 있는 그녀의 모습은 나로 하여금 시선을 어디에 둬야 할지 모르게 민망한 상황을 연출했다.

"Don't you have something else to wear?"

잠시 망설이다가 다른 옷을 입으라고 말해 버렸다. 그리고 밖에 나가서 아이스크림이나 먹으면서 공부하자며 가방을 챙기기 시작했다. 그때 황당해하는 그녀의 눈빛을 난 의도적으로 외면해 버렸다.

몇 분 후 그녀는 청바지에 흰 셔츠를 입고 밖으로 나왔다. 감사하게도 정상적인 옷을 입은 그녀와 군인들이 즐겨 찾는 PX Post Exchange: 군부대속에 있는 작은 마트로 가서 아이스크림을 먹고 스티커 사진을 찍었다. 너무 밋밋한 데이트였던 탓일까? 그녀는 웃지 않았다. 어색한 분위기. 형식적인 대화. 아무튼 우리의 데이트는 그렇게 별 소득 없이 아쉽게 끝났다.

왜일까? 그날 이후 그녀는 수업 시간에 내 옆 자리에 앉지 않았다. 그리고 인사도 받지 않았다. 나를 무시하고 지나치는 그녀에게 나는 더 이상 아무 말도 붙일 수 없었다.

'뭐가 문제지? 우리의 데이트가 성공적이지는 않았더라도 아이스크림도 내가 샀고 스티커 사진도 찍고 나로선 최선을 다했는데 내가 대체 뭘 그렇게 잘못한 거지?'

곧 한 학기 수업이 끝났고 우리는 그렇게 어색하게 헤어졌다. 글쎄, 헤어졌다고 표현하기에는 무리가 있어 보이지만 아무튼 그녀는 나의 기억 속에서 그렇게 사라졌다.

난 그 당시 내가 무엇을 잘못했는지, 뭐가 잘못된 건지 전혀 눈치채지 못했다. 나중에 시간이 흘러, 미국 문화에 대해서 자세히 알게 되면서 무엇이 문제였는지 깨달았다.

미국에서, 그것도 자유분방한 캘리포니아 LA지역에서 성장한 줄리는 성관계에 있어서 열린 사고를 하고 있었다.

그녀가 나를 여자기숙사로 초청한 것은 내게 호감이 있다는 표현이었는데 난 전혀 눈치채지 못했다. 나를 침대로 부르고 내 몸에 기대어 책을 볼 때만 해도 그녀가 나와 친하다는 미국식 표현을 한다고만 여겼지 그 이상은 생각하지 못했다. 아마 줄리는 지금까지 살아오면서 나와 같이 대처했던 남성은 만나보지 못했으리란 생각이 든다. 어쩌면 감정에 이끌려 관계를 맺는 게 너무나도 당연시되는 서양사회에서 내가 보여준 태도는 그녀에게 매우 낯선 모습일 수 있었으리란 결론을 내렸다.

TWENTY

TWENTY

캠퍼스 타운

"Nothing is ever really lost to us as long as we remember it."
- L.M. Montgomery

대륙횡단 그리고 미국대학 탐방!

1년 넘게 레스토랑에서 일을 하며 돈을 모았다.

그리고 야간대학에 다니며 대학 수업 분위기를 경험했다. 가족과 교회 분들의 도움으로 미국사회에 잘 적응해갈 수 있었다. 이제 정식으로 대학에 입학해서 공부를 해야 할 때가 왔음을 느꼈다. 드디어 나도 대학생이 되는 것이다.

나는 미국 대학에 대한 환상을 가지고 있었다.

자유롭고 열정적이고 활기찬 미국 대학! NCAA, 미국 대륙 여행, 연애, 그리고 아름다운 도서관! 이 모든 것들이 나에게는 거부할 수 없는 매력으로 다가왔다. 이 당시 난 미국 대학입시에 대해서 잘 알지 못했다.

초여름 어느 날, 여느 때와 마찬가지로 자동차 창을 열고 시원한 바람을 맞으며 운전을 하고 있었다. 내 취미 중 하나가 드라이브였다. 마음이 답답하거나 울적할 때, 나의 애마 적갈색 쉐보레 캐벌리어Chevrolet Cavalier를 몰고 I-44 고속도로로 나갔다. 그리고 창문을 열어놓고 바람을 맞으며 우울한 기분을 달래곤 했다. 저 멀리 저녁 노을을 바라보며 광대한 미 대륙의 숨결을 마음에 담았다. 끝도 없이 펼쳐진 평지, 그리고 붉게 물들어가는 하늘. 이 설명할 수 없는 대자연속의 신비를 경험하며 가끔씩 눈물을 흘리곤 했다.

외로움, 쓸쓸함, 막막함… 알 수 없는 여러 감정들이 뒤섞여 힘들 때마다 난 대자연을 만나고 그 광활함과 아름다움에 감동해 눈물을 흘렸던 것 같다. 언제나 나를 있는 그대로 받아주었던 그 여유로운 자연의 모습. 그 대자연의 넓은 품에서 난 하나님을 느낄 수 있었으리라! 이방인으로서 끊임없이 나를 채찍질해야만 했던 그 상황에서 어쩌면 난, 내가 아닌 어색한 모습의 가면을 뒤집어쓴 삐에로는 아니었을까? 이런 생각들이 머릿속을 채우자 답답해졌다.

그리고 문득 이런 생각을 하게 되었다.

어째서 난 지금까지 미국에 와서 단 한번도 미국 대학을 방문하지 않았을까? TV, 영화를 보며 내가 동경해왔던 그곳을 단 한 번도 방문한 적이 없었다. 만학도에게 기회를 주는 커뮤니티 칼리지가 아니라 많은 청춘들의 최고 목표인 대학을 직접보고 싶어졌다. 그래. 가면 되지. 난 젊도 차도 있는데! 갑작스럽게 이런 생각을 하고 난 차를 세웠다. I-44 고속도로를 빠져나가 차를 돌렸다.

하버드로 가자!

아무런 준비도, 계획도 없이, 나의 첫 번째 미국 대륙횡단 여행은 이렇게 시작되었다.

몇 시간을 달렸을까?

미주리Missouri에서 출발한 난 머지않아 일리노이Illinois 주를 거쳐 인디애나Indiana 주에 도착했다. 저녁이 늦어 모텔Inn을 찾아서 들어가기로 했다. 다행히도 미국엔 여행하는 사람과 대형트럭 운전기사들이 많아 고속도로 인근에 이들을 위한 저렴한 숙소가 많았다. 호텔은 물론이고 중저가 Holiday Inn이나 Suite도 내게는 부담스러운 가격이었다. 일반적인 숙소의 가격은 70달러에서 140달러 정도로 너무 비쌌다. 그래서 난 소규모로 운영되는 Economy Inn이나 Motel 6와 같은, 가격이 가급적 저렴한 곳을 찾아 들어갔다. 내게 필요한 것은 잠시 들러 잠을 자고 샤워를 하는 것! 특별히 비싼 비용을 지불하고 숙박을 할 이유가 없었다.

부가세를 포함해서 40달러 정도 하는 작은 모텔에 들어갔다. 트윈베드, 작은 TV와 냉장고, 그리고 깔끔하게 청소된 화장실! 내겐 더할 나위 없이 좋았다.

서랍을 열어보니 작은 성경도 들어있었다. 함께 있는 지역 정보 책자에서 지도를 살펴보고 내일 일정을 간단하게 생각한 뒤, 잠언Proverbs 말씀을 읽다가 잠이 들었다.

이른 아침부터 대형 트럭의 시끄러운 시동소리에 잠에서 깼다. 먼 길을 가야 하는 트럭 운전사들이 일찍 잠자리에 들고 동이 트기 무섭게 일어나기 때문이다. 숙소에서 제공하는 아침을 먹으러 가서 베이글과 크림치즈, 커피와 오렌지주스, 그리고 사과 하나를 챙겼다. 미국식 아침은 부담이 없어서 참 좋다. 안타깝게도 저렴한 모텔이어서 그런지 내가 좋아하는 베이컨과 와플은 제공되지 않았다. 간단하게 식사를 마치고 모텔비를 계산하고 나왔다.

아침 7시, 오늘의 목표는 펜실베니아주 해리스버그Harrisburg에 도착하는 것이었다. 인디애나에서 해리스버그에 가려면 서둘러야 했다. 주유소Texaco에 들러 기름을 채우고 내가 좋아하는 스낵 몇 개를 챙겼다. 스타버스트Starburst, 말린 바나나 스낵, 그리고 매운 육포Beef Jerky와 닥터페퍼Dr. Pepper, 이것들만 있으면 몇 시간을 즐겁게 운전할 수 있으리라!

간식을 두둑이 챙기고 차에 챙기고 달리고 또 달렸다. 일리노이 그리고 인디애나주를 지나가며 내가 볼 수 있었던 것은 어마어마한 규모의 옥수수밭, 콩밭, 그리고 끊임없이 이어지는 고속도로!

직진, 그리고 또 직진! 자동차를 홀로 운전하며 미국 대륙을 횡단한다는 것은 쉽지 않은 도전이었다. 몇 시간 째 운전대만 잡고 먼 길을 그저 달리기만 했다. 저렴하게 구입한 중고차에게 크루즈Cruise 장치를 기대하는 것은 욕심이었다. 크루즈라도 있으면 버튼을 눌러놓고 훨씬 편하게 달릴 수 있을 텐데… 엑셀을 계속해서 밟고 있으려니 발에 쥐가 나는 듯했다.

몇 시간을 달렸을까? 배가 고파서 점심을 먹기로 했다. 내가 도착한 곳은 오하이오의 어느 작은 마을! 감사하게도 맥도날드, 알비스, DQ, 타코벨 등 내게 익숙한 음식점들이 많았다.

이중 알비스Arby's는 내가 가장 좋아하는 로스트비프 샌드위치 Roast Beef Sandwich를 파는 패스트푸드점이다. 소고기를 덩어리째 오븐에 구운 뒤 얇게 갈아 햄버거 빵에 넣어서 준다. 참 단순한 요리이지만 맛은 일품이다. 이 샌드위치에 홀스래디쉬Horseradish 소스를 넣고 닥터페퍼와 함께 먹으면 환상적인 맛을 경험할 수 있다. 홀스래디쉬 소스는 약간 쏘는 맛이 있는 흰색소스인데 와사비맛과 비슷하다. 로스트비프의 텁텁한 맛과 홀스래디쉬의 쏘는 맛! 여행을 하며 맛보는 참 즐거움이다.

점심을 먹고 또 기름을 채우고 차에 올랐다. 먼 길을 가야 했기에 지체할 수 없었다. 오늘 목표는 펜실베니아! 얼마나 가야 할까? 부산에서 북경까지 자동차로 쉬지 않고 달리는 것과 같은 거리를 난 겁도 없이 질주하고 있었다.

늦은 저녁 펜실베니아주 헤리스버그Harrisburg에 도착했다. 몇 시간을 쉬지 않고 운전해서 그런지 배가 고팠다. 헤리스버그 수도Capitol 근처에 있는 일본식당에 들어가 카츠돈Katsu Don과 캘리포니아롤California Roll을 주문했다. 음식이 나오자마자 정신없이 먹어 치웠다. 배가 고파서였을까? 평범한 음식이 무척이나 맛있게 느껴졌다. 계산을 하고 나와 수도Capitol 건물 근처에 차를 주차했다.

그리고 가로수 사이를 걸었다. 거대한 건물들, 여기가 유럽인가하는 착각이 들 정도로 건물들이 아름다웠다. 시원하게 부는 바람과 거리를 걷는 연인들, 아이들, 그리고 관광객들 사이에 난 홀로 서 있다. 익숙하지 않는 사람들 속에서 익숙하지 않은 길을 걸으며 생각에 빠진다.

행복했다. 내게 젊음을 허락해주신 하나님. 난 가진 것이 많지 않지만 부족한 것 역시 많지 않다. 내게 필요한 이 모든 것들을 하나님께서 이미 주셨기 때문이다. 건강, 젊음, 시간! 그 무엇보다도 나는 가능성이란 선물을 받지 않았는가!

부모님의 이혼과 재혼으로 인해 평범하지 않은 유년기를 경험했고, 미국으로 와서 익숙하지 않은 환경에서 살고 있다. 이 모든 것이 나에게는 새로운 기회라는 긍정적인 생각을 하게 되었고 감사한 마음도 들었다. 그 기회를 통해 난 거듭 성장하고 있다. 이런 저런 생각을 하며 한동안 아름다운 야경에 취해 시간이 가는 줄 몰랐다. 벌써 밤 9시가 다 되었고 숙소를 찾아야 했다. 주차장으로 가서 차를 가지고 나와 묵을 곳을 찾기 시작했다.

미국 중서부의 주에서는 저렴한 가격의 숙소를 쉽게 찾았는데 이곳에서는 저렴한 모텔을 찾기 어려웠다. 그나마 다른 숙소보다는 저렴한 홀리데이인Holiday Inn이란 숙소로 들어갔다.

기존에 내가 이용하던 모텔보다 조금 비쌌는데 시설은 참 훌륭했다. 실내수영장Indoor pool과 헬스장Gym이 있었다. 짐을 풀고 매점에 가서 음료를 구입해서 다시 방으로 들어왔다. 깔끔하게 정리된 트윈 침대, 대형 TV, 그리고 구석에 컴퓨터용 책상 하나와 편한 사무용 의자가 눈에 띄었다. 나는 가차없이 침대 위로 뛰어 올랐다. 내 몸을 받아주는 편안한 침대에 잠시 누워있다가 TV를 켰다. 채널이 참 많았다. 채널을 돌리는데 스패니쉬Spanish 방송이 나왔다. 스패니쉬 사람들은 흥이 참 많아 보였다. 평소 좋아하던 영화 채널을 틀어놓고 영화를 보다가 잠이 들었다.

다음 날 이른 아침 잠에서 깼다.

참 편하게 잘 잤다. 오늘은 무엇을 할까? 어디까지 갈 수 있을까? 오늘 나의 목표는 뉴저지를 통해 뉴욕까지 들어가는 것이다.

'갈 길이 멀다. 어서 식사를 하고 일정을 시작하자!'

서둘러 숙소 식당에 가서 아침을 먹었다. 홀리데이인에서 제공하는 아침 식사는 그럴 듯했다. 깔끔하게 정돈된 테이블, 다양한 메뉴들과 과일 그리고 샐러드까지! 와플을 굽고 스크램블 에그에 후추를 뿌려서 가져왔다. 오렌지 주스와 포도 주스 한잔씩! 2% 우유 한잔과 오트밀Oatmeal 시리얼을 챙겨 놓고 베이컨과 토스트 2개를 구워 왔다. 풍성한 아침이었다. 든든하게 식사를 하고 사과 하나를 챙겨서 숙소로 돌아왔다. 아침에 샤워를 하는 습관이 있어 신속하게 샤워를 마치고 짐을 싸서 밖으로 나왔다. 오늘은 뉴욕까지 간다. 자동차를 몰고 나와서 다시 고속도로를 향해 찾아 들어갔다. 그리고 달리기 시작했다.

펜실베니아주가 이렇게나 크다니! 새삼 다시 놀랐다. 죽었다 생각하고 운전에 몰입했다. 그리고 어느새 뉴저지에 도착했다. 뉴저지에 가면 큰 한인마트와 식당이 있다는 소문을 들었다. 짜장면과 군만두가 먹고 싶었다. 유레카!Eureka 찾았다. 생각보다 어렵지 않게 한인마트를 찾았다. 사이즈는 월마트의 1/3 정도였지만 미국에 와서 이렇게 많은 한국사람과 이렇게 많은 한국 제품들은 처음이었다. 마트 창문에 이영애씨의 화장품 광고 사진과 여러 한국 연예인들의 사진이 붙어 있었다. 참 반가웠다. 미국에도 이런 곳이 있구나!

내가 있던 미주리주 세인트로버트시St. Robert, Missouri에는 한국의 구멍가게만한 한인 마트가 하나 있었다. 물론 고추장이나 라면 같은 것은 구입할 수 있었지만 뉴저지의 마트와는 비교할 수가 없었다. 그날 마트를 돌아다니며 수십 명의 한국사람들을 볼 수 있었다. 정말 반가웠지만 그 누구도 서로 인사하는 사람이 없었다. 여긴 한국사람이 많아서 그냥 지나치는구나!

마트에서 작은 김치를 하나 샀다. 느끼할 때마다 하나씩 집어 먹어야지. 흡족했다. 이것 저것을 집어 들고 계산대로 갔다. 계산도 한국말로! 미국에서도 아무렇지 않게 한국말로 계산할 수 있는 곳이 있다는 것은 내겐 새로운 경험이었다. 마트에서 구입한 물건들을 차에 실어놓고 한국인이 운영하는 중식당으로 갔다. 드디어 군만두와 짜장면을 먹었다. 이것으로 난 아주 중요한 일정 하나를 마쳤다. 시간이 많이 지났다. 서둘러 뉴욕에 들어가야 했다. 차에 올라 뉴욕으로 향했다. 뉴욕에 도착했을 땐 이미 초저녁이었다.

말로만 듣던 뉴욕New York, 드디어 내가 뉴욕에 왔다.

그런데 의외로 뉴욕은 내게 매력적으로 느껴지지 않았다. 뉴욕이라는 거대한 도시는 내게 그저 시끄러운 곳이었다. 자연 속에서만 지내던 촌놈이 대도시를 만났을 때의 충격이었을까? 빛의 속도로 운전하는 택시 기사들, 현기증을 일으킬만한 거대 빌딩들, 하이힐을 신고 극장을 나오는 여성들, 그리고 길을 잘못 들어 헤매다가 하필 잘못 들어선 할렘가! 할렘가에 대한 무서운 이야기들은 익히 들어 알고 있었다.

태어나 처음으로, 길거리가 무서워서 기도하며 운전하기 시작했다. 할렘가를 신속히 벗어날 수 있기를! 신호등에 걸려 잠시 대기할 때, 난 몇몇 사람들이 둥글게 둘러서서 돈을 주고 비밀봉투를 건네는 모습을 포착했다. 저게 말로만 듣던 마약거래인가? 자동차 문을 잠갔다. 그리고 창문이 끝까지 다 닫혀 있는지 재차 확인했다.

어떤 흑인 두 명이 내 차로 다가왔다. 숨이 멎는 것 같았다. 이 사람들이 총을 가지고 있진 않겠지? 총을 겨누면 문을 열어줘야 하나? 다행히도 신호등이 바뀌었다. 신속하게 엑셀을 밟고 달렸다. 근데 또 신호등에 걸렸다.

신호등 앞에 대기하고 있던 홈리스Homeless 아저씨 한 명이 나에게 다가왔다. 그리고 가슴에 올려진 종이를 내 눈을 바라보며 번쩍 들었다.

"Homeless. I'm starving. Please help!"

들고 다니던 팻말을 운전석 창문으로 들이민다. 혼란스럽다! 창문을 열어 몇 달러라도 챙겨줄까?

'창문을 열면 바로 총을 꺼내면 어쩌지?'

생전 처음 경험해보는 이 환경이 나를 두려움으로 몰고 갔다. 결국 난 돈이 없다고 손을 흔들며 미안하다고 말했다. 사실 난 돈이 있었다. 다만, 창문을 열고 그 사람을 도와줄 용기를 낼 수 없었다.

양심이 정죄하기 시작했다.

'문을 열고 돈을 줬으면 됐을 텐데 그 정도 용기도 없니, 넌?'

비참한 심정, 두려운 감정, 도망가고 싶은 생각에 사로잡혀 난 뉴욕을 누리지 못하고 나와버렸다.

뉴헤이븐으로 가는 고속도로를 찾았을 때, 천국으로 가는 길을 찾은 것만 같았다. 얼마나 기뻤는지 모른다. 뉴욕을 뒤로한 채 코네티컷주의 뉴헤이븐New Haven, Connecticut으로 향했다. 예일대학교를 방문할 목적이었다.

두세 시간쯤 달렸을까? 늦은 밤, 뉴헤이븐에 도착했다.

예일대에 들어가지 않고 숙소를 먼저 찾기로 했다. 상상할 수 없을 만큼 피곤했다. 뉴욕에서 너무 긴장하며 운전을 했던 걸까? 뉴헤이븐에 도착했을 때 손발에 기운이 하나도 없었다. 오늘도 열 시간 이상은 운전했으니 피곤할 만도 했다.

숙소를 찾다가 작은 모텔을 하나 발견했다. 모텔 오피스에 들어가보니 인도 사람이 나왔다. 하룻밤에 80달러쯤 했다. 어제까지 돈을 생각 없이 너무 많이 쓴 것 같아 아끼고 싶은 마음에 인도 아저씨와 흥정을 시작했다.

홀리데이인이나 햄튼같은 큰 회사형 숙소에서는 흥정이 불가하지만 개인이 운영하는 모텔에서는 얼마든지 흥정이 가능하지 않을까? 내 나름의 논리를 가지고 숙소 가격을 깎기 시작했다.

"Sir, I am a visitor, here. As you see, it's already late. I'll just sleep and leave early in the morning. Can you please lower the price for me just once? All I have is 50 dollars. I need no receipt. And I will maintain the room neat and clean." "전 이곳 방문객이에요. 보시다시피 이미 밤이 깊었고, 전 잠만 자고 내일 아침 일찍 떠날 겁니다. 한번만 깎아주시면 안 될까요? 50불밖엔 없어요. 영수증도 필요 없어요. 방도 깨끗하게 사용할게요."

내가 생각할 수 있는 모든 논리를 다 동원해서 모텔비를 깎아 달라고 사정했다.

인도 사람들이 인정이 많은 건지, 아니면 이미 지쳐서 녹초가 된 동양인 학생이 처량해 보였는지 알 수 없지만 고맙게도 80불 하는 방을 60불에 깎아 주셨다. 내가 원했던 가격보다는 조금 비쌌지만 만족했다. 감사의 말을 거듭한 뒤, 숙소 키를 받아서 방에 들어갔다.

엄청나게 넓은 방! 넓은 뜰이 보이고 바닷가 파도소리가 들리는 방이었다. 숙소에 들어가 손발을 씻고 침대에 오르기 무섭게 잠들었다. 피곤하면 피곤할수록 잠은 깊이 찾아오고 휴식의 달콤함이 행복하게 나의 몸을 감쌌다.

아침 일찍 일어나, 예일대학교로 향했다.

예일대는 내게 참신한 충격이었다. 학교가 너무나도 아름다웠다. 무엇보다 고딕 양식의 오랜 전통을 자랑하는 웅장한 캠퍼스 건물들과 생동감 넘치는 분위기가 나를 압도하고도 남음이 있었다. 예일대학교는 내가 좋아하는 조나단 에드워드Jonathan Edwards의 모교이자 그가 교수로 재직했던 학교이다.

'약 300년 전 조나단 에드워드가 이곳에서 공부했겠지?'

'조나단이 지금 내가 걷고 있는 길을 걸었을 거야.'

'혹시 조나단도 나처럼 건물을 만지고 다녔을까?'

이런 생각만으로도 가슴이 벅찼다.

조나단 에드워드는 예일에서 공부하고 나중에 프린스턴 대학교Princeton University의 3대 총장으로 재임하고 이른 나이에 지병으로 생을 마감한다. 55세의 젊은 나이로 생을 마감한 조나단 교수는 내가 존경하는 역사 속의 인물 중 한 명이다. 예일대에 와서 그의 발자취를 따라다닐 수 있다는 자체가 내겐 더할 나위 없는 기쁨이었다.

떨어지지 않는 발걸음을 재촉해서 로드아일랜드 주 프로비던스Providence, Rhode Island를 향해 갔다. 그곳에 내가 좋아하는 브라운대학Brown University이 있기 때문이다. 이 여행은 내 인생에 있어서 가장 의미 있는 여행이 될 것 같은 생각이 들었다. 방문하는 곳, 만나는 사람들이 내게는 새롭고 신선하게 다가왔다. 여행은 참 많은 것을 선물하는 것 같다. 로드 아일랜드로 가다가 배가 고파서 작은 마을에 들어갔다. 그곳에 중국 뷔페 식당Chinese buffet이 있었다. 다행이다. 이곳에 중국 뷔페가 있다니!

행복한 상상을 하며 식당 안으로 들어갔다.

역시 중국 뷔페는 나를 실망시키지 않았다. 내가 좋아하는 수많은 중국음식들, 새우볶음밥Shrimp fried rice, 오렌지치킨Orange Chicken, 볶음국수Noodles, 바비큐치킨BBQ chicken, 시푸드Seafood dishes, 치킨윙Fried chicken wings, 비프 앤 브로콜리Beef n broccoli, 샐러드Salads 등 수많은 음식들을 8불만 내면 다 먹을 수 있었다. 어떤 사람들은 중국음식이 너무 기름지고 달아서 싫어하기도 했지만 내겐 양질의 다양한 음식을 값싸게 먹을 수 있는 행복한 기회였다.

한 시간 넘게 배를 채웠다. 더 이상 음식이 들어갈 수 없을 때까지 먹고 식당에서 나왔다. 이렇게 행복한 식사가 또 있을까? 감사한 마음에 3달러를 팁으로 테이블에 올려놓고 일회용 음료 컵에 탄산음료를 꽉 채워 들고는 차로 돌아왔다. 사이다가 소화를 도와주리라!

또 다시 운전대를 잡았다. 그리고 로드아일랜드를 향해 갔다. 얼마쯤 달렸을까? 운전이 지루하다고 느껴질 즈음 로드아일랜드 주 프로비던스에 도착했다.

프로비던스Providence의 첫인상은 "와~" 탄성이 절로 나올 정도로 아름다웠다. 프로비던스는 프랑스 사람들이 이민 와서 세운 도시일까? 물론 그렇지는 않겠지만 프로비던스의 외관은 흡사 유럽의 한 도시와 같은 분위기를 자아내고 있었다.

가파른 언덕을 넘어 좁은 길을 통과해 내려 갔을 때 브라운대학교Brown University를 만날 수 있었다. 생각보다 작고 아담한 캠퍼스에 놀랐다. 이곳에 세계적인 석학들이 다 모이는구나! 대학가를 잠시 걷다가 다시 차에 올라탔다. 이곳에서 더 오랫동안 지체할 수 없었던 이유는 그날 내 마지막 목적지가 하버드대학교 Harvard University였기 때문이었다.

얼마쯤 운전했을까?

프로비던스에서 보스턴Boston은 멀지 않았다. 보스턴에 도착해

지나가는 행인에게 길을 물어 하버드를 찾아갔다. 하버드는 케임브리지Cambridge라는 작은 도시에 위치해 있었다. 그리고 바로 옆에 MIT 공대가 있었다. 세계적인 대학 둘이 이렇게 붙어있어도 되나 싶을 정도로 두 대학은 가까웠다.

하버드대학교! 세계 모든 사람들이 최고의 대학을 이야기할 때 하버드를 빼놓지 않는다. 하버드는 그 명성만으로도 이미 초일류 대학임에 이의를 제기하는 사람은 많지 않다.

차를 주차하고 하버드를 둘러보았다.

어마어마한 규모의 학교였다. 존 하버드John Harvard목사가 앉아 있는 동상! 그의 왼쪽 발은 이미 닳아있었다. 이 동상의 왼발을 만지면 하버드에 입학한다는 속설 때문에 수많은 사람들이 그의 발을 쓰다듬거나 심지어 키스를 하기도 한다. 정장을 입고 오른쪽 무릎 위에 책을 펴고 시선은 앞을 향하고 있는 존의 모습이 인상적이었다.

'존의 발에 키스를 할까? 하지 말자!'

난 하버드에 들어오지 않을 것이다. 물론 들어올 실력이 안 될 수도 있지만 받아준다고 해도 들어오고 싶지 않았다. 딸 수 없는 포도가 시다고 비난하며 포기하는 것이 아니다. 난 남들이 원하는 것을 생각 없이 따라하는 것을 좋아하지 않는다. 하버드에 온 목적은 미국 대학을 간접적으로 경험하기 위함이지 무조건적인 동경에서 비롯된 것은 아니었다.

실제로 하버드는 내게 그렇게 매력적이지 못했다.

캠퍼스 분위기만 놓고 본다면 예일대에 비해 여러 가지 면에서 부족해 보였다. 물론 개개인의 취향은 다양하겠지만 내게 하버드대학교는 그저 여러 많은 대학 중 하나일 뿐이지 특별하게 다가오지는 않았다. 그럼에도 하버드는 탁월한 교육시설을 자랑하며 세계적인 석학들이 군집하는 초일류 대학임에 틀림없다. 이런 대학을 내 눈으로 직접 보고 느낄 수 있었다는 것만으로도 내게 이번 여행은 많은 것을 남겨 주었다.

하버드 앞에 위치한 서점에 들어가 학교 티셔츠와 공책 몇

푸짐한 뷔페 식당

광활한 미국 대륙

대륙 횡단 중 여행 사진

권을 구입한 뒤 다시 차로 돌아왔다. 그리고 이것으로 여행을 마치고 다시 돌아가기로 결정했다. 사실 처음 계획은 남부로 가서 프린스턴대학교Princeton University와 애틀란타에 가서 에모리대학교 Emory University를 방문하는 것이었다. 하지만 하버드를 보고 난 뒤 생각이 바뀌었다.

'집으로 돌아가자. 그리고 이 여행에서 얻은 힘으로 내 삶에 충실하자! 내가 품은 광대한 꿈은 작은 실천에서부터 시작될 것이다. 다시 책을 들고 공부에 전념하리라!'

이렇게 7일간, 4500 km의 대장정을 마무리 했다.

콜롬비아, 미주리!

여행으로부터 돌아온 난 앞뒤 가리지 않고 공부에 매진했다. 공부를 하면서 내가 얼마나 부족하고, 내 실력이 얼마나 빈약한지를 처절하게 느낄 수 있었다. 그러나 예전처럼 내가 할 수 있을지, 이 길이 맞는지 고민하지 않고 더욱 노력할 수 있었던 것은 여행을 통해 얻은 에너지 덕분이라고 생각한다. 여전히 많이 부족했지만 끊임없이 노력하고 쉴 새 없이 공부에 집중했다. 그리고 미국대학에 원서를 쓰기 시작했다.

감사하게도 내가 원서를 넣은 거의 모든 대학이 입학을 허가

해주었다. 그 중 난 사립대학은 입학하지 않기로 결정했다. 내겐 너무 부담되는 비용이었고, 나와 맞지 않는 옷이란 생각 때문이기도 했다. 여러 대학 중 미주리대학교 콜롬비아 캠퍼스University of Missouri Columbia가 내게 가장 호의적이었다. 내가 미주리 거주자Missouri resident이었기 때문에 다양한 그랜트Grant와 장학금Scholarship 혜택을 받을 수 있었다. 아르바이트를 조금하면 얼마든지 내 힘으로 다닐 수 있는 학교였다.

여기서 잠깐 미국대학교 장학혜택을 설명하자면 미국대학교에서 제공하는 장학금은 크게 두 종류가 있다.

재정적으로 도움을 필요로 하는 학생에게 주는Need-based 장학금과 실력이 우수한 학생에게 수여하는Merit-based 장학금이 있다.

난 미주리출신 학생이라서 미주리의 주립대를 선택해서 입학하게 되면 기본 학비가 타주 학생이나 외국학생보다 절반 이상 저렴했다. 그리고 미주리출신 학생에게 주는 혜택은 그것말고도 다양했다. 내겐 여러 가지 면에서 매력적인 학교였다.

처음 미주리대학교에 도착했을 때의 느낌은 놀라움이었다.

어떻게 학교가 이렇게 아름다울 수 있을까?

콜롬비아 미주리

넓게 펼쳐진 잔디밭, 그리스에서 옮겨놓은 것만 같은 거대한 칼럼Column 기둥들, 아름드리 늘어진 울창한 나무들, 어마어마한 규모의 메모리얼 유니온Memorial Union, 영화 속에서나 볼 수 있을 법한 고풍스러운 도서관, 이 모든 것들이 나의 필요를 충족하기에 부족함이 없었다. 난 드디어 꿈에 그리던 캠퍼스타운에 도착한 것이다. 그리고 이곳에서 나의 꿈을 펼쳐보리라고 다짐했다.

미주리대학교가 대중에게 잘 알려진 아이비리그Ivy League와 같은 학교는 아니었지만 내겐 미국사회를 이해하고 미국문화를 익히는데 많은 도움을 준 감사한 나의 모교이다.

미주리, 콜롬비아… 아직도 콜롬비아란 단어만 들어도 캠퍼스타운의 아름다운 추억들이 나의 가슴을 채운다. 수많은 기억들, 추억들, 실패와 눈물, 그리고 마음이 저려오는 사랑이야기.

내 교육 철학의 많은 부분이 콜롬비아 시절에 형성되었을 거란 생각을 한다. 그럼 이제부터 내 마음 속에 있는 보석 같은 추억들을 하나씩 꺼내보려 한다. 아직 누구와도 나누지 못한 내 부끄러운 과거, 안타까운 사랑 이야기, 그리고 운명과도 같은 만남을…….

대학에 입학하면서 일을 시작했다.

사실 공부를 통해서 배우는 것도 중요했지만 관계와 소통을

통해서 문화와 언어를 배우고 싶었다. 그래서 대학을 다니며 10
가지 이상의 직업을 경험했다.

캠퍼스 식당, 의대 도서관, 인문대 도서관, 하디스 레스토랑,
일식집, 세탁소, 블랙마켓 판매원, 맥도날드, 가정집 청소, 호텔
직원, 공대 학과장 사무보조 등을 경험했다.

수많은 실무 경험을 통해 난 미국 사회를 눈으로 보고 몸으로
체험했다. 돈을 내고도 살 수 없는 경험을 오히려 돈을 받으며 할
수 있었다. 참 감사하고 행복한 시간들이었다.

이제 그 이야기들 중 몇 가지를 진솔하게 글로 옮겨볼까 한다.
이 책을 읽는 독자가 편견 없이 편한 마음으로 이야기를 들어줬
으면 한다.

Are you ready to go on? Follow me!

도서관 아르바이트 그리고 스쳐가는 인연!

도서관 아르바이트는 내가 제일 선호하는 일이었다.

중앙도서관에서 내 업무는 반납된 책을 분류하고 정리해서 카
트에 담아 책꽂이에 꽂아놓는 것이었다. 이 일을 하면서 나는 책

과 친숙해질 수 있었다. 가끔씩 책을 분류하면서 표지와 머리말을 읽곤 했는데 여러 많은 다양한 분야의 책을 살펴보면서 내가 어떤 분야에 관심이 있는지도 자연스럽게 알 수 있었다. 심리학과 교육학 분야가 내게 흥미 있게 다가왔고 시간이 날 때마다 인간의 심리와 교육에 대한 책을 살펴보았다.

어느 날 오후, 수업을 마치고 도서관 아르바이트를 하기 위해 도서분류센터에 들어갔다. 여느 때와 다름없이 가방을 사무실에 놓고 일을 시작했다. 카트를 살펴보고 책을 정리하는 업무였다.

이때 어느 한 여학생이 도서분류센터에 그리고 내 삶에 노크도 없이 들어왔다. 그녀는 도서관 업무를 배우러 온 학생이었다.

그 당시 난 이미 학교생활이 익숙한 2학년 학생이었는데 그녀는 이번 학기 처음 들어온 신입생Freshman이었다. 대화를 나누며 그녀가 미국인 아버지와 일본인 어머니 사이에서 태어난Half-Asian 학생이었음을 알 수 있었다. 그녀는 청순한 동양적 매력과 오묘한 서양적 미를 섞어 놓은 듯한 아름다움을 지니고 있었다. 여지껏 이렇게 아름다운 여성은 만나본 적이 없었다.

도서팀 책임자Supervisor가 그녀에게 도서관 업무를 가르쳐주라고 했다. 나는 그녀에게 업무와 주의사항에 대해 차근차근 설명해주었고 그녀는 나를 따라다니며 일을 배웠다.

자연스럽게 그녀와 대학 전공에 관해 그리고 서로의 배경에 대해 이야기하기 시작했다. 그녀는 나의 영어 발음이 독특하다며 놀리기도 했다. 영국식도 아닌 그렇다고 독일식도 아닌 좀 어눌하고 어색한 나의 발음이 그녀에게는 독특하게 여겨진 것 같다. 사실 그때는 인식하지 못했지만 난 좀 편하게 영어를 사용하기 위해서 발음을 정확하고 또박 또박 말하려고 노력했던 기억이 있다.

그녀는 은어와 슬랭을 섞어가며 짧고 빠르게 말하는 미국 대학생의 언어와 문화에 익숙했을 것이다. 짐작된다. 그런 그녀에게 나의 서툰 언어와 발음이 신선하게 느껴졌을 수도 있었겠다란 생각이 든다. 그리고 무엇보다도 당시에 난 승부욕이 강해서 누구에게 도움을 받거나 지적 받는 것을 좋아하지 않았다. 이런 성향 때문에 미국 사람들 앞에서 더 당당하려고 노력했던 것 같다. 동양인들은 공부만 하고 숫기도 없고 자신감이 없다는 편견을 깨고 싶었다.

이것 때문에 난 외국학생들에게 동정심으로 주는 학점을 받지 않았다. 악착같이 공부해서 미국 아이들과 모든 면에서 평등하게 대우받고 싶었다. 어쩌면 그래서 더욱 더 강한 척 당당한 척 연기를 해야 하지 않았을까?

그런 나의 모습이 매력적인 모습으로 느껴졌는지 그녀가 토요일에 계획이 있냐고 물어왔다. 난 특별한 일이 없다고 말했다. 사실 교회에 가서 찬양팀 연습을 해야 했으나 그녀와의 데이트가 더 끌리는 걸 어쩔 수 없었다.

약속시간, 차를 몰고 기숙사로 그녀를 데리러 갔다.

그녀는 기숙사 안으로 나를 안내했다. 생각보다 여자 기숙사 내부는 단순했다. 그녀는 룸메이트 없이 혼자 방을 쓰고 있었다. 방안엔 일본 애니메이션에나 나올법한 거대한 용 사진과 만화 캐릭터들 그리고 친구들과 함께 찍은 사진들이 걸려 있었다. 그녀는 곧 짐을 챙기고 옆방에서 친구 한 명을 데리고 왔다. 그리곤 말했다.

"Daniel, do you mind if I take my friend to the movies?"

그녀는 자신의 친구를 같이 데려가자고 했다. 이건 대체 무슨 소린지 도무지 이해할 수 없었지만 그렇다고 그녀의 부탁을 거절할 수도 없었다.

"Sure! Of course. We can go together. That's no problem."

아무렇지도 않게 대답했지만 속으론 실망됐던 것이 사실이다.

'두 여인과 함께하는 데이트라! 흠. 의도가 뭐지? 왜 친구를 데려가려고 하는 거니? 내가 마음에 들지 않아서 그런가? 그럼 왜 나한테 영화 보러 가자고 말한 거지?'

질문에 질문이 꼬리를 물었지만 난 그녀에게 아무 것도 질문하지 않았다.

영화관에 도착해 3장의 영화티켓을 끊었다.

그 아이들은 팝콘과 나초를 사가지고 내게로 왔다. 미국 극장의 팝콘 사이즈는 양이 어마어마하다. 게다가 리필까지 무료로

해준다. 음료도 1리터는 족히 되어 보이는 거대한 사이즈! 대륙성 기질이 넘쳐서 그런지 미국의 모든 물품의 사이즈는 한국보다 많이 큰 편이었다. 팝콘을 먹으며 극장에 입장했다. 2시간 넘게 아무 말도 없이 길고 긴 영화관람을 마치고 밖으로 나왔다. 그녀와 친구는 영화에 푹 빠져있었다.

사실 그녀들은 영화에 빠졌다기보다 영화의 주연으로 등장한 에드워드 놀튼Edward Norton의 매력에 푹 빠졌던 것 같다.

우리가 본 영화는 Red Dragon이란 유치하기 짝이 없는 영화였다. 그럼에도 이 둘의 만족도는 하늘을 찔렀다. 나이차도 많지 않은데 세대 차가 느껴지는 것 같은 이유는 뭘까? 돌아오는 내내 영화가 어땠는지 내게 묻는다.

'To be honest, it was a bit childish for me. I would rather watch a TV show at home than come all the way up here to watch this sort of boring stuff.'

이렇게 말하고 싶었지만 난 즐거웠다고 대답했다.

"It was not bad. I enjoyed it very much."

그녀와 친구를 숙소에 데려다 줬다. 그리고 미국식으로 인사를 했다. 그녀가 먼저 포옹을 신청했다. 나는 그녀를 안아주고 등을 다독여 주었다.

"Thank you for the movie, Daniel!"

그녀가 내게 밝게 감사의 인사를 건넨다.

"It's my pleasure! I had a great time, too."

나도 그녀에게 짧게 인사를 건넨 뒤 차로 돌아왔다. 그리고 그녀가 숙소로 들어가는 것을 지켜 보았다. 우리의 데이트는 이렇게 막을 내렸다.

차를 몰고 기숙사로 돌아오는 길에 오늘 있었던 일을 곰곰이 생각해 보았다. 그녀는 참으로 매력적이고 아름다운 여성임에는 틀림이 없었다. 하지만 그녀의 취향과 성격, 그리고 생각하는 수준은 너무 어렸다. 물론 나도 어리고 철이 없었지만 그녀는 내가 생각하는 여성이 분명 아니었다. 그저 어린 소녀였을 뿐!

그 후 난 그녀와 친한 친구처럼 지냈다. 그리고 데이트는 다시 하지 않았다. 내게 필요한 것은 삶의 고뇌와 미래에 대한 진지한 고민을 함께 나눌 수 있는 대상이었다. 그 순간 이후부터 데이트를 끊었다. 그 누구와도 만나고 싶지 않았다. 다만 하나님에게 기도했다.

'하나님, 혹시 하나님께서 예비하신 여성이 있으시다면 제게 잠시라도 보여주셨으면 좋겠습니다. 저는 지금부터 공부에 전념하겠습니다.'

데이팅 굿바이Dating, good-bye를 선언하고 이때부터 차분하게 공부와 일에 몰두했다.

대학교 2학년 사회학 수업!

나는 좋은 머리를 타고난 것 같지는 않다.

다른 학생들은 한두 번 보면 이해되는 내용들을 수없이 반복해서 공부해야 했다. 아직 영어가 익숙하지 않아서였을 수도 있고 내용을 읽어도 쉽게 이해되지 않아서였을 수도 있다. 아무튼 난 많은 시간을 공부에 할애했다. 그럼에도 예상 외의 결과를 받으며 좌절과 실망이 거듭됐다.

여러 많은 수업 중 내게 가장 어려웠던 수업은 2학년 때 들은 사회학Sociology 수업이었다. 캘리포니아대UC-Davis 출신의 빅토리아 존슨Victoria Johnson 교수!

그녀는 우리에게 완벽을 요구했다. 첫 시험에서 300여명의 학생 중 A를 맞은 학생이 손가락에 꼽을 정도로 적었다. 내 성적은 D-였다. 충격도 충격이지만 상실감은 더욱 컸다.

'난 나름 최선을 다해서 리포트Paper를 제출했는데 D-라니! 차라리 F를 줄 것이지!'

자존심이 상했다. 근데 옆에 있는 친구들의 성적을 보니 D-를 받은 학생이 적지 않았다. 아하! 이건 교수의 전략이다. 첫 성적을 낮게 주고 아이들로 하여금 공부에 집중하게 만들려는 목적인 게 분명했다. 분명 두 번째 페이퍼에서는 좋은 성적을 받을 수 있을 것이다.

대학교 2학년 시절

교수님을 찾아갔다. 미국 대학교에서는 오피스아워Office Hour라는 것이 존재한다. 모든 교수가 수업이 없는 때에 주 2회 정도, 1시간 30분에서 2시간 정도의 오피스아워 시간 동안 학생들의 질문과 상담을 받아준다.

내겐 황금 같은 기회였다. 무엇보다 내 이름을 교수님에게 각인시키고 싶었다. 인문대학 건물에 찾아가 사회학 교수님의 방을 찾았다. 그리고 노크를 하고 방에 들어갔다.

Dr. Johnson은 밝게 웃으며 맞아주었다. 내가 받은 리포트를 교수님께 건네주었다. 그리고 내 성적이 왜 이렇게 낮은지를 물었다. 교수님께서 원하시는 수준의 페이퍼는 어느 정도의 수준인지를 질문했다. 교수님은 차근차근 설명해주셨다. 그리고 이 대화를 통해 교수님이 원하는 방향성이 무엇인지 정확히 알 수 있었고 다음 에세이 과제는 잘 준비할 수 있었다.

교수님은 내가 그녀의 오피스를 찾을 때마다 내 이름을 불러주셨다. 자연스러운 만남을 통해, 내 이름을 익히게 된 것이다. 300명이 함께 듣는 강의에 들어가면 교수님과 대화를 나누기는커녕 눈을 마주치기도 힘들다. 나는 교수님께 열정적인 학생으로 각인되었다. 영어는 조금 약하지만 열심이 있고 최선을 다하는 이미지를 주는 데는 성공했다.

안타깝게도 한국 학생들뿐 아니라 미국 학생들 조차도 오피스 아워를 잘 사용하지 않는다. 교수님을 개인적으로 만나는 것이 부담이 되고 어색할 수 있을 것이다. 하지만 미국대학에서 잘 적응하고 공부하려면 여러 교수님들과 좋은 관계를 맺는 것보다 더 중요한 것은 없다.

미국 사회는 개인의 결정을 존중하는 개인주의적 사회이다. 내가 적극적으로 도움을 청하면 많은 이들이 나를 도우려 하지만 내가 가만히 있으면 그 누구도 나를 도우려 하지 않는다. 이것은 나의 결정 즉, 도움을 받기로 한 결정은 물론 반대로 도움을 받으려 하지 않는 나의 결정까지도 존중해주기 때문에 도움이 필요할 때 적극적으로 도움을 청하지 않으면 외부의 도움이 저절로 주어질 가능성은 희박하다.

사회학 교수님과 자주 만나고 여러 가지로 도움을 받으면서 내 두 번째 리포트는 좋은 점수를 받았다. 이제 남은 두 개의 리포트와 프레젠테이션만 성공적으로 수행하면 이 수업을 성공적으로 마칠 수 있는 것이다.

감사하게도 리포트는 이제 어떻게 쓰는지 감을 잡았고 학생지원센터Student Success Center에 방문해서 얼마든지 에세이 교정에 대한 도움을 받을 수도 있었지만 더 큰 문제는 그룹 프레젠테이션이었다.

난 발표수업에 대한 끔찍한 기억이 있었다. 처음 대학에 들어와 1학년 때, 학습과 영어 모든 면에서 힘들었던 시절 별다른 생각 없이 6명이 함께 하는 발표수업에 참석했다. 그리고 나 때문에 우리 팀은 낮은 점수를 받았다. 얼마나 긴장을 했던지 난 준비한 것도 제대로 말하지도 못하고 강단에서 내려왔다. 친구들의 난감해하는 표정, 질타의 눈빛, 그리고 스쳐 지나가는 '바보'란 말을 들으며 그날 온종일 암울했던 기억이 있다. 두 번 다시 똑같은 실수를 하지 않으리라! 다짐하고 또 다짐했었다.

사회학 수업의 토론 주제는 '학생운동'이었다.

6명이 한 팀을 이루고 학생운동에 대한 리서치Research를 통해 개인당 2~3분씩 발표를 하는 일종의 그룹 프로젝트였다.

친구들과 함께 발표 순서를 정했다. 대부분 학생들이 발표 순서에 관심이 없었다. 난 마지막에 하길 원했다. 처음을 멋있게 장식해서 강한 인상을 남기던지 아니면 마지막에 여운을 남기고 싶었기 때문이었다.

앞으로 남은 시간 2주! 정말 이 발표수업을 제대로 준비하고 싶었다. 우선 주제에 대한 내용을 모으기 위해 도서관을 뒤졌다. 그리고 여러 자료들을 살펴 본 뒤, '세계 각처에서 진행된 학생운동과 그에 따른 사회적 변화와 발전'에 대한 이야기를 하기로 결정했다.

 발표 자료를 모으고 내용을 정리하기 시작했다.

 내용을 요약하고 줄이기를 수없이 반복한 끝에 발표내용을 A4용지 두 장으로 정리할 수 있었다. 이 내용을 2~3분이란 짧은 시간 안에 발표할 수 있어야 했다. 얼마 전 다른 팀들의 발표를 보면서 발견한 사실은 발표할 때 내용을 읽거나 자료를 보면서 이야기하는 것은 효과적이지 못하다는 것이다. 내용을 읽으면 대중이 지루해하고 재미없어하는 것이 눈에 보였다. 그래서 나는 발표 내용을 철저하게 암기하기로 결정했다. 그리고 대중의 눈을 바라보며 자연스럽게 이야기하듯 발표하는 나의 모습을 상상했다. 준비하면 할 수 있을 거란 믿음이 생겼다.

 요약된 발표내용을 읽고 또 읽었다. 수백 번, 아니 수천 번 나도 내가 얼마나 많이 연습했는지 기억할 수 없을 정도로 열심히 연습했다. 길을 가면서, 샤워를 하면서 반복을 거듭하며 완성도를 높여갔다. 마침내 요약 내용을 단순히 암기하는 것에서 벗어나 손짓과 목소리 톤을 바꿔가면서 이야기하는 수준까지 가능해졌다. 이 정도면 됐다. 자신감이 생겼다.

 드디어 우리 팀이 발표 하는 날!

옆에 배치된 의자에 6명이 나가 앉았고 우리 팀은 곧 발표를 시작했다. 첫 번째 학생, 두 번째 학생, 한 명, 또 한 명 발표가 끝날 때마다 나는 왜 마지막을 선택했을까, 후회하고 또 후회했다. 내 순서가 가까워질수록 침이 마르고 손에 땀이 났다. 수없이 연습했는데 왜 이렇게 긴장이 되는 걸까?

드디어 내 순서가 됐다. 뚜벅뚜벅 걸어가 단상에 올랐다. 내 소개를 마치자 감사하게도 몇몇 학생들이 박수를 쳐주었다. 하지만 우리 팀의 주제가 딱딱해서였을까? 아니면 우리가 유머감각이 없어서일까? 전체적으로 우리 팀의 발표 반응이 좋지 않았다. 아니 냉랭함을 넘어 강의실 전체를 얼음바다로 만들고 있었다.

이 분위기를 어떻게 바꾸지? 무엇인가 해야만 했다.

대중을 자극해야 했다. 인사를 마치고 난 본문으로 들어가 이야기를 전개했다. 입술이 붙어있고 목이 텁텁함을 느꼈다. 처음 몇 문장은 그들이 제대로 알아듣지도 못했으리란 생각이 들었다. 난 왼손으로 마이크를 잡고 앞으로 나아 갔다. 오른손이 떨리기 시작했다. 내가 긴장하는 걸 대중에게 보여주고 싶지 않아 오른손을 속히 주머니에 넣고 대중을 향해 걸어 나갔다. 그리고 한 사람, 한 사람의 눈을 마주보며 이야기를 시작했다.

나는 그저 발표과제로 준비된 형식적인 멘트가 아니라 지구상에서 우리보다 어린 학생들이 얼마나 많은 업적들을 일궈냈는지,

그리고 그들이 사회와 나라를 어떻게 바꾸어 놓았는지를 차분하게 이야기했다. 점점 자신감이 생기면서 주머니에 넣었던 손을 꺼내 손짓과 몸짓, 그리고 시선을 교류하며 자신 있게 발표를 이어갔다.

1989년 천안문사태 때 젊은 학생들이 탱크 앞을 가로막고 항거했던 사건, 1960년 이승만 정권의 부패 척결을 위해 16세 어린 학생들이 목숨을 걸고 항거했던 사건, 그리고 아프리카, 유럽, 동남아시아 등 세계 각 지역에서 자발적으로 일어난 학생운동의 이야기를 풀어놓으면서 전세계 수많은 청년들이 부패한 사회와 맞서 얼마나 열정적으로 싸웠는지에 대해 이야기했다. 그리고 그들의 헌신이 지금 우리가 살고있는 민주주의 사회의 토대가 되었음을 3분 동안 쉴 새 없이 열변을 토했다.

발표를 마치고 인사를 하고 내려오는데, 엄청난 박수소리와 함성이 대강당을 채웠다. 몇몇 학생은 일어서서 박수를 치기 시작했다. 빅토리아 교수님은 내가 영어가 완벽하지 않음에도 얼마나 열정적으로 수업에 임하는지에 대해서 간단하게 소개한 뒤, 함께 박수를 쳐주셨다. 벅차고 감동적인 순간이었다.

수많은 사람들의 박수갈채를 받는 것보다 더욱 기뻤던 것은 '나도 하면 된다'라는 강력한 믿음이 내 안에 자리잡은 것이다. 이 순간부터 나는 머리는 핑계가 될 수 없으며 무엇이든지 노력하면 할 수 있다는 경험을 기반으로 한 믿음을 갖게 되었다. 더불어 실패를 두려워하지 않고 과정을 즐기는 태도를 갖게 되었다.

룸메이트 벤 "Ben"

대학교 2학년 시절, 내 룸메이트는 벤이라는 흑인 아이였다. 178cm의 준수한 키, 운동으로 단련된 몸, 천주교 신자였던 그는 친구들에게 인기가 많았다. 흑인가수 어셔Usher를 닮은 그는 유머 감각이 탁월하고 재치 있는 아이였다.

아버지는 케냐의 의사였고 이유를 말해주지는 않았지만 그는 어머니와 함께 어린 시절 미국으로 이민을 왔다. 그리고 미국에서 성장했다. 그는 생물학Biology을 전공했으며 아버지와 같은 의사가 되길 원했다.

영어도 유창했고 공부도 잘했기에 의학대학원Medical School 입학을 준비하고 있었다. 운동을 좋아했던 벤과 난 자연스럽게 친해졌다. 물론 난 축구와 농구 같은 구기종목을 좋아했고 그는 짐Gym에 가서 근육질 몸을 만드는 것에 관심이 많았는데 무엇보다도 성장 배경에 유사점이 있어서인지 우리는 곧 친해졌다.

식사도 같이 하고 도서관에서 시험공부도 함께했다. 하지만 그는 나와 다른 성격의 소유자였다. 벤은 사교성이 좋았고 친구가 많았다. 우리 기숙사 방에 노크하고 찾아오는 아이들은 거의 그의 친구였다. 쾌활하고 잘 웃는 그는 모두에게 매력적인 청년이었다.

어느 날 그는 기숙사는 너무 비싸니까 학교 밖 아파트를 얻어 같이 살자고 제안했다. 나 역시 여러 면에서 밖에서 생활하는 것이 좋아보였다. 더 많은 자유, 우리만의 공간, 잘 정비된 주방시설, 각자 쓸 수 있는 방, 이러한 장점들이 부각되면서 깊이 생각하지 않고 학교 밖 아파트로의 이사를 결정했다. 그리고 쓰디쓴 후회를 반복해야만 했다.

기대했던 바와 같이 학교 기숙사 밖으로 나온 우리는 더 많은 자유를 만끽할 수 있었다. 며칠 동안은 월마트Wal-Mart에서 책상과 침대를 구입해서 들여놓고 서로의 방을 꾸미는데 정신이 없었다. 그리고 매주 식료품마트Grocery Store에 가서 장을 보고 맛있는 음식을 만들어 먹었다. 처음에는 모든 것이 새롭고 즐거웠다.

그러나 시간이 흐르면서 벤과 난 부딪치기 시작했다.

학교 기숙사에 있을 땐 수업 듣고 일하고 도서관에서 공부하느라 사실 벤과 함께 할 수 있는 시간은 많지 않았다. 벤과 실질적으로 많은 시간은 보내지 않았기 때문에 그에 대해 자세히 알지 못했던 게 아닐까라는 생각을 기숙사 밖 숙소 생활을 하면서 처음 하게 되었다.

벤은 순수하고 착한 아이였다.

하지만 그는 잘못된 부분의 미국 문화에 푹 젖어 있었고 삶의 기준과 가치관이 잡혀있지 않았다. 일단 배려가 없었고 기본 예절을 잘 지키지 않았다. 요리를 하고 설거지를 하지 않은 채 접시와 냄비 그리고 요리도구들을 싱크대에 채워놓았다.

음식 찌꺼기가 말라서 딱딱하게 굳은 상태로 방치됐기 때문에 설거지가 더 힘들게 느껴졌다. 다른 요리를 하고 식사를 해야 하는 룸메이트에 대한 배려가 없었던 것이다. 더군다나 그는 밤 늦게까지 흑인들이 즐겨 듣는 시끄러운 랩 음악을 틀어놓았다.

친구들과 모였을 때는 냉장고에 가서 내 음식, 특히 김치통을 꺼내 뚜껑을 열어 놓고 냄새를 맡으며 역겨운 냄새가 난다고 얼굴을 찡그리며 불쾌한 장난과 농담을 반복했다. 처음 한 두 번은 웃어넘겼지만 시간이 지남에 따라 짜증이 몰려오기 시작했다. 사실 이런 사소한 문제를 가지고 시비를 걸고 싶지는 않았다. 하지만 함께 있는 시간이 늘어나면서 더 많은 스트레스를 받기 시작했고 어떻게 해서든 이 문제를 해결해야만 했다. 벤에게 이 문제를 어떻게 설명해야 할까?

공부에 집중하고 도서관 일을 병행해야 했고 매주 토요일과

일요일은 교회 봉사에 정신이 없었던 나에게 이런 종류의 어려움이 발목을 잡을 거라곤 예상하지 못했다.

난 벤과 이야기를 해보기로 마음먹었다.

"Hey, Ben! Do you have time to talk?"

내가 거실로 나오는 벤에게 말을 걸었다.

"Yeah! Danny. What's up?"

이야기를 꺼내기 쉽지는 않았다. 하지만 솔직하고 차분하게 내가 겪고 있는 어려움에 대하여 그에게 이야기 했다. 벤은 평소와 달리 내 이야기를 진지하게 받아들여 주었다. 그리고 자신이 부주의하고 예의를 지키지 않았던 점에 대해 사과했다. 다행이었다. 잘못을 뉘우쳤고 고쳐보겠다는 다짐을 받았다.

감사하게도 우리의 관계는 조금씩 호전되었다. 그리고 벤은 약속대로 여러 면에서 나를 배려해주기 시작했다. 그가 바뀌는 모습이 잠시 보였지만 오래 가지는 못했다. 근본적으로 그의 삶의 모습은 크게 바뀌지 않았다. 곧 예전처럼 문젯거리들이 하나씩 불쑥 튀어나오기 시작했다. 그가 노력하는 모습을 보며 여러 번 참고 넘어가기도 했지만 그와 난 함께 지내기에는 매우 다른 성격의 소유자였음을 시간이 지날수록 더 절실히 깨달았다.

난 조용하고 서정적이고 책 읽는 것을 좋아했다. 하지만 벤은 외향적이고 유쾌하고 춤과 음악을 사랑했다. 그는 나를 배려해

음악 소리를 조금 줄여주기는 했지만 근본적으로 벤에게 음악은 뗄래야 뗄 수 없는 존재였다. 음악에 심취해 사는 그를 말려서도 안 되지만 말릴 수도 없었다. 때문에 난 그의 음악 속에서 생활해야 했다. 곤혹스러웠지만 그런 그를 인정해주기로 했다. 대신 집에 있기보다 학교도서관에 남아서 늦게까지 공부를 다 마치고 돌아왔고 집에 와서는 조용히 잠만 자는 생활을 시작했다.

어느 날 밤 11시쯤 됐을까?

공부를 끝내고 아파트에 도착해 차를 주차하는데 우리 숙소 쪽에서 큰 소리의 랩 음악이 들려왔다.

'이 밤까지 대체 뭘 하는 거지?'

물을 열고 집에 들어왔을 때, 내 눈 앞에 펼쳐진 광경을 믿을 수가 없었다. 술을 마시며 누워있는 친구들, 맥주 캔을 들고 큰 소리로 이야기하는 누군지 모를 사람들, 뒹굴어 다니는 피자박스들, 베이스 우퍼가 쿵쿵대며 고막을 뚫을 듯한 비트를 뿜어내고 있었다. 심지어 어떤 아이는 내 곰인형을 엉덩이로 깔고 앉아 있었다. 짜증이 몰려왔다.

"Hi, Daniel!"

"Hey, there!"

"Hey, what's up?"

안면이 있는 몇 친구들이 나의 이름을 부르며 인사를 건네 왔다.

"Hey, man. Nothing much! How's it going?"

기분 나쁜 티를 내지 않기 위해 이를 악물고 있는 내 심정을 그들은 알지 못했으리라!

'벤이란 녀석 대체 뭐지? 나한테 상의 한마디 없이 술 파티를 열다니!'

내색하지 않고 내 방으로 들어왔다.

'벤, 정말 너란 녀석!'

사실 난 벤보다 내가 더 원망스러웠다.

'아! 난 대체 왜 아무 생각도 없이 기숙사를 나왔을까?'

내겐 어느 정도 규율이 있고 배려가 있는 기숙사가 좋았다! 맞았다! 그리웠다! 다짐하고 또 다짐했다. 다시는 룸메이트와 학교 밖 아파트로 나오지 않으리라! 절대로!

결국 내가 미친 짓을 한 것이다. 벤과 나의 사이는 멀어지기 시작했다. 그때 당시 난 벤을 이해할 수 없었고 나와 벤의 사고방식은 좁혀질 기미가 보이지 않았다. 우리는 어색했고 벤도 나의 눈치를 보기 시작했다.

그러던 어느 날, 학교에서 일찍 돌아와 저녁을 먹으려 하는데 벤이 여자 친구를 데려왔다. 그리고 그 여자 친구는 하루가 멀다 하고 우리 집을 방문했다. 오래지 않아 그녀는 우리와 함께 살다시피 했다.

'그래, 여기는 미국이다!'

나도 가끔씩은 아는 친구들을 방에 데려오고 좋아하는 아이를 초대하기는 했지만 벤의 경우와는 많이 달랐다. 벤의 여자 친구는 손님이라기보다는 우리들의 새로운 룸메이트처럼 느껴졌다.

"나를 죽이지 못하는 것은 나를 더 강하게 만든다"는 니체의 말이 맞았을까? 나는 더 강해져야 했다. 그 때까지 나는 남들 앞에서 내 감정과 마음을 잘 표현하지 못하는 답답한 성격의 소유자였다. 이런 내가 조금씩 변하기 시작했다. 벤에게 말했다.

"난 네 여자친구가 우리와 함께 숙식하는 것은 잘못됐다고 생각해!"

이 한마디 하는 게 왜 그렇게 힘들었을까? 감사하게도 그녀는 떠나 주었다.

내가 한참 벤과 여러 가지로 갈등을 겪고 있을 때 사건이 하나 터졌다. 오랫동안 내가 섬기던 한인교회 목사님께서 교회 건축을 진행하던 도중 사기를 당한 것이다. 목사님과 온 성도들이 괴로워하고 힘들어 했다.

이 교회는 내가 청소년기를 보낸 아름다운 신앙의 추억이 있는 곳이었다. 나의 상실감도 무척이나 컸다. 매주 금요일 2시간씩 운전해 와서 주말 내내 교회에서 찬양인도와 설교 통역으로 봉사했었다.

내 사랑, 갈보리 장로교회!

갈보리 장로교회Calvary Mission Church는 미주리주 웬즈빌Waynesville, Missouri에 위치한 한인장로교회였다. 미군 부대 지역에 위치한 이 교회는 군인가족과 이민자들을 섬기는 건강한 교회였다.

이 교회를 섬기셨던 이영대 목사님은 나의 영적 스승이셨다. 나는 목사님과 교회를 통해서 쉼과 비전을 얻었다. 목사님이 힘들어하는 모습은 내게도 고통이었다.

휴학을 결정했다. 그리고 교회에 와서 목사님과 함께 건축 일을 하며 힘을 보탰다. 페인트를 칠하고 바닥재를 붙이고 내가 할 수 있는 최선을 다했다. 매일 피곤한 하루를 보냈지만 내가 목사님께 그리고 하나님께 조금이라도 도움이 될 수 있다는 것만으로 감사했다.

교회에서 지내면서 벤과의 문제는 잊고 지냈다.

매월 전기세, 전화세, 그리고 월세 50%를 벤에게 보내주었다. 그리고 난 멀리 웬즈빌 교회에서 생활하고 있었다. 교회에서 지내면서 자연스럽게 새벽기도에 참여하게 되었다. 그리고 시간이 날 때마다 성경을 읽었다. 참 감사했다.

하나님과의 깊이 있는 교제를 통해 난 가치관이 변화하는 경험을 했다. 그 당시 난 국제학International Studies을 전공하고 있었다.

국제정세와 외교분야를 공부하고 법학대학원Law School에 입학해 국제관련기구에서 변호사로 활동하길 원했다.

대학교 3학년, 이제 본격적으로 전공분야 수업을 듣기 전에 법학대학원 입학시험LSAT을 조금씩 공부하기로 마음먹었다. 이 시험은 내가 생각하는 유형의 시험과는 차이가 있었다. 마치 논리게임을 하는 듯한 기분이 들었다. 내용은 생각보다 어렵지 않게 느껴졌지만 어휘 수준이 높았고 많은 연습Drilling이 필요해 보였다.

교회 건축 일을 하며 틈틈이 공부하던 중 내 인생의 전환점이 될만한 사건이 일어났다. 여느 때와 다름없이 새벽기도를 마치고 교회 도서관에 들어갔다. 작은 도서관 안에서 3인용 소파가 하나 있었다. 내가 앉아서 책을 보기도 하고 누워서 잠을 자기도하는 곳이었다.

그날은 너무 피곤해서 잠시 소파에 누웠다. 그런데 눈을 감기가 무섭게 갑자기 내 몸이 하늘로 날아오르기 시작했다. 나는 롤러코스터를 탈 때 느꼈던 그 짜릿함을 느끼며 이 이해할 수 없는 상황에 압도되어 두 눈을 꼭 감고 있었다.

잠시 후, 어떤 천사와 같은 존재가 노래를 불러주었다. 노래의 처음 부분은 잘 생각이 나지 않지만 내용은 이러했다.

"하나님께서는 창세 전에 너를 선택하셨단다. 너는 내게 너무

나도 사랑스러운 존재란다. 동쪽 하늘을 바라보며 살아가거라!"

노래가 끝났을 때 그 천사는 내 몸을 소파 위에 사뿐이 올려놓았다. 마치 깃털이 수북하게 쌓인 거대한 쿠션에 내 몸을 올려놓은 것만 같은 포근함을 느끼며 소파에 누워있었다.

잠시 후 눈을 뜨고 도서실 불을 켰다.

'내게 어떤 일이 일어난 거지?'

이런 만화 속에서나 일어날 법한 일이 일어나다니. 내게 일어난 일을 이성으로 이해할 수도 설명할 수도 없었다. 말로만 듣던 영의 세계를 내가 직접 경험한 것이었다. 얼마 전, 목사님께서 경험하셨다던 천국의 경험이 이와 비슷했던 걸까? 그냥 꿈을 꾼 건 아니었을까? 목사님을 신뢰했지만 믿기가 어려웠다.

떨리고 두렵고 평온하고 황홀했던 그 때의 감정을 어찌 글로 표현할 수 있으랴! 언어라는 도구로 4차원의 신비를 담기엔 무리가 있어 보인다. 더군다나 나의 부족한 문장력으론 더 더욱 표현하기 어렵다.

내가 알지 못했던, 알 수도 없었던 영적 세계가 진정 존재했었더란 말인가! 성경 사복음서에 나오는 이야기들을 그저 깊은 생각 없이 믿었었는데 성경 이야기들이 내게 새롭게 입체적으로, 살아서 다가오기 시작했다. 그리고 더 깊게 믿을 수 있게 되었다.

성경이 지금까지와는 다르게 읽혀지기 시작했다. 그리고 내 인생에 대해서 심각하게 고민하는 기회를 갖게 되었다.

성경이 알고 싶어졌다. 목사님께서 설명하시던 성경의 원어, 성경의 배경, 성경의 인물들에 대해서 더 자세히 알고 싶어졌다. 태어나서 처음으로 신학대학원에 가면 어떨까라는 생각을 이때 하게 됐다. 그리고 이 고민이 나중에 나를 커버넌트라는 신학대학원에 입학하도록 이끌었다.

감사하게도 교회의 건축일은 잘 해결되었다.

교회 건물은 계획대로 튼튼하게 완공되었고 그 해 가을 난 학교로 복귀했다. 그리고 학업에 집중하기 시작했다. 물론 학교 기숙사로 돌아갔다.

벤과의 이야기를 나누어야 하는 책임감을 느끼지만 사실 우리 이야기의 끝은 좋지 않았다. 지금 이 순간에도 고민이다. 이 이야기를 하는 것이 독자에게 어떤 도움도 되지 않을 텐데… 라는 생각이 든다. 혹시 궁금해 할 분이 있을 수 있으니 짧게 설명하고 넘어가기로 하자.

교회 건축이 끝나자마자 난 콜롬비아로 돌아왔다. 집에 돌아왔을 때 벤은 소파에 누워있었다. 어두컴컴한 곳에서 우울한 모습의 벤을 마주쳤을 때 예감이 좋지 않았다. 간단히 인사하고 방에 들어갔다.

내 책상 위에는 고지서들이 있었다. 전기세, 방세, 인터넷 사용료 등등 많은 고지서들이 쌓여있었다. 벤은 내가 준 돈을 다 써버렸다. 그리고 세금과 월세를 내지 않고 독촉장을 받고 있었다. 너무나 황당한 이 상황을 어떻게 넘겨야 할까?

아파트 사무실에서 여러 번 찾아왔다. 월세를 해결하라고 독촉했다. 아파트는 내 이름으로 계약이 되어있었다. 벤은 이 모든 문제를 나에게 넘겨버렸다. 이건 도를 넘은 상황이었고 너무나도 화가 났다.

집에 들어가 벤에게 따져 물었다.

"Where is the money that I gave you?"

그는 아무런 대답도 하지 않았다. 나의 독촉에 그는 어줍잖은 변명만 늘어놓았다. 화를 꾹 눌러 참고 말했다.

"Whatever, Ben! That's fine. I'll do what I have to do. However, I hope you understand what you have done to us. Good-bye, man. I am going back to live in the dorm!" "됐어, 벤. 내가 이 일을 해결 할거야. 네가 한 짓이 우리들의 관계를 어떻게 망쳤는지 알았으면 좋겠다. 잘 있어. 난 기숙사로 돌아갈 거야."

짐을 정리하고 학교 기숙사로 복귀했다. 깊이 생각하지 않고 내린 결정으로 많은 손해를 보게 되었다. 그리고 친구도 잃었다. 이 경험을 통해 난 누구와 관계를 맺는다는 게 얼마나 어려운 것인지 깨달았다. 그리고 내가 원하든, 원치 않든 상처를 주고, 상처를 받는 과정에서 내가 얼마나 초라하고 보잘 것 없는 사람인지 깨달았다. 벤과의 이별은 나를 비참하게 만들었다. 그리고 이 힘든 경험을 통해 많은 것을 배우게 되었다.

그러나 젊음! 젊음은 실패도 덮어버리는 것 같다. 대학 캠퍼스 기숙사로 돌아온 난 아무렇지도 않게 또 다시 학교생활을 시작했다. 더 좋은, 더 기쁜 일들이 내 삶을 풍요롭게 하리라는 기대가 나를 설레게 했다.

캠퍼스 타운을 걷는 나!

이 얼마나 큰 축복인가? 실패하고 비참하게 무너져도 난 아직 학생이었다. 얼마든지 다시 도전하면 되는 것이다.

커닝 그리고 퇴학의 위기!

대학교 3학년이 되면서 그리스 원어수업을 듣게 됐다. 플라톤의 변명Plato's Apology이라는 책의 그리스 원서를 영어로 독해하는 수업이었다.

미국 대학교에서는 제 2 외국어를 반드시 12학점 이상 이수해야 한다. 많은 아이들이 스페인어, 불어, 중국어, 일본어 등 익히 잘 알려진 언어나 취업에 유익한 언어를 선택해 공부했다. 난 어차피 인문학도였고 영어의 근간이 되는 라틴어나 고대 그리스어를 배우는 것이 좋겠다는 생각에 대학 3년 동안 고대 그리스어 Ancient Greek를 수강했다. 무엇보다 그리스어를 배우면 신약전서를 원문으로 볼 수 있을 거란 기대감도 있었다.

그리스어는 영어권의 아이들에겐 비교적 쉬워 보였다. 하지만 동양권에서 온 내가 배우기에는 좀 까다로운 점이 많았다. 문법 요소도 복잡하고 무엇보다 그리스어를 영어로 배운다는 게 쉬운 일은 아니었다. 그렇지만 최선을 다해서 수업에 집중했다. 반드시 A를 맞으리라!

잘하고자 하는 의욕이 과했을까?

수업을 시작한지 얼마 되지 않아 문제가 생겼다. 독감에 걸린 것이다. 늘 운동을 해왔고 건강했기 때문에 겨울에도 급하면 반팔을 입고 뛰어 다녔다. 그러던 내가 무리를 해서 그랬는지, 잘 챙겨 먹지 않아서 그랬는지, 이유는 알 수 없었지만 심한 독감에 시달리게 되었다.

어떻게든 참고 수업에 가려 했지만 몸이 말을 듣지 않았다.

며칠 후 몸 상태가 조금 나아져 수업에 갔다. 그리스 원어수업은 시험이 자주 있었다. 곧 첫 시험을 치러야 했다. 독감에 걸려 수업을 잘 들을 수 없었던 내가 시험을 잘 준비하기란 현실적으로 불가능해 보였다. 어떻게 하지? 고민에 고민을 거듭하다가 내 일생 가장 바보 같은 짓을 저질렀다.

커닝Cheating을 계획한 것이다. A4용지를 반으로 접어 그곳에 그리스 문법과 단어의 뜻을 촘촘하게 적었다. 그리고 완벽한 커닝페이퍼Cheating paper를 만들었다. 심장이 두근거리기 시작했다.

시험날 아침 학교 서점에 갔다.

미국 대학교에서는 시험을 치를 때 일반적으로 시험노트Blue Note를 구입해 그 노트에 답안을 작성해서 교수님에게 제출한다. 나는 다음 있을 시험 때 쓰려고 노트를 두 권 구입했다. 한 권의 노트에 커닝페이퍼를 넣어두고 시험장으로 갔다. 시험장으로 가는 내내 심장이 요동치기 시작했다. 커닝을 하기도 전에 심장이 터져버릴 것만 같았다.

미국 대학은 커닝을 용납하지 않는다. 걸리면 정학이나 퇴학감이다. 이런 저런 생각이 스쳐 지나갔다. 하지만 막다른 골목에 몰린 듯한 다급함으로, 두렵지만 커닝을 감행하기로 마음을 먹었다.

'이 정도도 못하면 그게 사내야? 그냥 눈 한번 꼭 감고 하는 거야. 이런 것도 다 추억이지.'

이런 저런 말로 내 자신을 설득했다. 그러나 결국 난 커닝을 하지 않기로 결정했다. 가장 큰 이유는 내가 크리스천이기 때문이었다. 난 하나님을 믿는 사람이다. 점수 좀 잘 받으려고 컨닝하는 건 옳지 않다. 아닌 건 아니야!

'커닝하지마!'

결정은 어려웠지만 컨닝을 하지 않기로 결정하고 나니 마음은 편했다. 난 컨닝페이퍼를 넣지 않은 시험노트를 꺼내 시험을 치르기 시작했다. 문제는 어렵지 않았지만 시험공부가 전혀 되지 않은 상황에서 시험을 잘 볼 수는 없었다. 시험을 완벽하게 망쳤다. 하지만 마음은 뿌듯했다.

"잘했어, 대니얼! 넌 해냈어. 빵점 맞아도 컨닝을 하지 않는 게 맞지, 그럼!"

시험을 마치고 기쁜 마음으로 강의실에서 나왔다.

커닝페이퍼를 넣어두었던 시험노트를 꺼냈다. 커닝페이퍼를 찢어서 휴지통에 버리려고 했다. 그런데 이게 어찌된 일이지? 시험노트엔 커닝페이퍼가 들어있지 않았다. 갑자기 불길한 예감이 뇌리를 스쳐 지나간다. 손이 떨리기 시작했다.

그렇다! 불길한 예감은 적중했다. 난 커닝페이퍼가 든 시험노트로 시험을 봤던 것이다. 그리고 그 노트를 교수님에게 제출하고 나온 것이다. 세상에! 난 바보일까? 컨닝을 하지도 않고 커닝페이퍼를 교수님에게 제출하는 바보가 나 말고도 세상에 존재할까라는 의문이 들었다. 자책하고 또 자책했다.

바보! 바보! 바보!

어렸을 때 '넌 머리에 똥만 들었냐'고 핀잔을 주던 아빠의 말이 떠올랐다. 어쩌면 그럴지도. 내 자신이 아무짝에도 쓸데없는 인간처럼 느껴졌다. 도망가고 싶었다. 하지만 방법을 찾을 수가 없었다. 한가지 기대는 노트가 생각보다는 두꺼우니 교수님이 공책을 펼쳐보지 않으면 커닝페이퍼를 찾지 못할 수도 있을거란 생각이 들었다. 하지만 이런 생각도 위로가 되진 않았다. 마음 속에 두려움이 엄습하기 시작했다. 혹시 교수님이 커닝페이퍼를 찾았으면 어쩌지?

학교도서관 컴퓨터실에 가서 이메일을 확인했다.

이상한 이메일이 한 통 있었다. 그리스 원어수업을 가르치셨던 존 폴리John Foley 교수님께서 보낸 이메일이었다. 그 순간 온 몸에 전율이 흘렀다. 손과 발이 풀리고 피가 거꾸로 솟구치는 느낌이 들었다. 설마 했던 일이 현실이 되었다.

떨리는 손으로 마우스를 꼭 잡았다. 그리고 이메일을 클릭했다. 짧은 이메일이 한눈에 들어왔다.

"Daniel, I need to see you. It's urgent! Stop by my office tomorrow morning before class"

심장이 멎을 것만 같았다. 교수님은 그 커닝페이퍼를 찾은 것일까? 혹시 뭐 다른 이유는 아닐까? 아무리 긍정적인 방향으로 생각하려 노력해도 두려움을 떨쳐낼 수 없었다. 커닝페이퍼 문제 말고는 교수님이 나를 아침 일찍 부를만한 이유를 찾을 수 없었다. 아무것도 손에 잡히지 않았다. 아무것도 먹을수 없었다. 베개에 머리가 닿기 무섭게 잠들었던 내가 잠을 잘 수 없었다.

다음날 아침, 최악의 컨디션! 교수님 사무실로 향했다. 사무실 앞에 도착한 나! 방문을 노크할 용기를 낼 수 없었다. 한참을 서 있다가 노크를 했다.

"Come in!"

문을 열고 들어갔다.

"Good morning! You can sit over there."

교수님은 형식적으로 인사를 건 낸 뒤 내게 잠시 앉으라고 했다. 자리에 앉기 무섭게 교수님은 내 커닝페이퍼를 테이블 위에 올려 놓았다.

역시 그랬구나! 내가 바보같이 커닝페이퍼가 든 노트를 제출했구나! 교수님은 나에게 이게 어찌된 일인지 자초지종을 물었다. 그때 난 너무 긴장한 나머지 아무 말도 할 수 없었다. 교수님은 교무처장Provost에게 이 사건을 보고한다고 말해주었다. 그리고 나가보라고 말했다.

"I'm sorry, sir!"

고개를 들지도 못한 채 밖으로 나왔다.

그날 난 아무 수업도 들을 수 없었다. 교무처장에게 보고되면 어떻게 되는 걸까? 정학일까 퇴학일까? 내 인생은 이렇게 끝나는 걸까? 주변 사람들 모두 다 날 신앙 좋고 성실한 청년으로 생각하고 있었다. 하루 아침에 낭떠러지로 떨어지고 있는 기분이었다. 패닉Panic 상태에 빠졌다. 3학년 가을학기 모든 수업을 포기Drop했다. 그리고 몇 주를 방안에서 폐인처럼 지냈다.

늦가을이 시작됐다.

창밖에 부는 바람이 쓸쓸하게 느껴졌다. 바람이 불 때마다 낙엽이 부딪치는 소리가 들렸다. 오헨리의 단편소설 '마지막 잎새'가 생각났다. 폐암에 걸려 죽어가는 존시, 이런 느낌이었겠구나! 존시를 공감할 수 있었다. 저 나무들의 잎새가 다 떨어지면 나도 죽게 될지 모른다. 막연한 불안감, 두려움, 우울증! 아무도 만나고 싶지 않았다. 아프다고 교회에 가지도 않았다. 방에서 나오지도 않았다. 죽지 않은 만큼만 먹고 하루 하루를 폐인처럼 보냈다.

그러던 어느 날 문득 이런 생각이 들었다.

'내가 왜 이러고 있는 거지? 물론 커닝을 했지만 세상에 커닝을 한 사람이 나 하나뿐일까? 그래 뭐 까짓 것! 퇴학당하면 장사하면 되지 뭐가 문제야!'

'다 포기했다! 아이러니하게도 다 포기하니까 마음이 한결 편해졌다. 잘못한 건 잘못했다고 진심으로 뉘우치고 사과하면 되지

뭐. 내가 죽을 죄를 진 건 아니잖아?'

몇 주 동안의 폐인의 삶을 청산하고 밖으로 나왔다.

학교 안에 위치한 도미노 피자집으로 갔다.

피자 한 판과 닥터페퍼를 시켰다. 먹고 먹고 또 먹고! 기분이 나아졌다. 이때부터 난 우울한 기분이 들 때마다 도미노를 찾는 버릇이 생겼다. 정신없이 피자 한 판을 다 먹고 나니 기분이 좋아짐을 느꼈다. 닥터페퍼를 꿀꺽 꿀꺽 들이키며 띤크러스트Thin crust 의 페퍼로니Pepperoni 피자를 한입 가득 넣었을 때의 그 황홀함과 만족감이란! 행복 그 자체였다.

난 참 단순한 존재구나. 피자 한판이 나에게 이런 기쁨을 줄 수 있다니 놀라웠다. 김수로가 외치는 "인생 뭐 있어, 홀라라"의 느낌을 난 이때 깨달았다.

어느 정도 마음이 정리되고 회복되었을 즈음, 학교에서 연락이 왔다. 교무처장, 학장 그리고 학생회 임원으로 구성된 학력윤리위원회Academic Integrity Committee에서 곧 학사심판을 진행한다는 내용이었다.

존 폴리 교수가 내 컨닝 사건을 보고한 것이다. 당연한 결과였지만 존 폴리 교수가 너무나도 원망스러웠다. 한번 봐주면 안 되나! 제자의 인생이 달린 문제인데 냉정하기도 하지! 피도 눈물도 없는 사람 같으니라고. 태어나서 처음 받아보는 심판. 뭘 어떻게 해야 하지? 나를 변호할 수 있는 내용을 짧게 이야기해야 했다.

많은 생각들이 스쳐지나갔다. 거짓말을 하고 싶은 충돌이 생겼다. 어떻게든 이 상황을 모면하고 싶었다. 하지만 사람은 속일 수 있을지 모르지만 하나님을 속일 수는 없을 거란 생각이 들었다. 진심으로 말하자. 솔직히 말하는 거다. 그래야 내 마음이 편할 것 같았다. 변호 내용을 짧게 정리했다.

드디어 심판날이 다가왔다.

늦지 않게 학력윤리위원회 사무실을 찾아갔다. 학장, 교무처장 그리고 학생회 임원 등 총 8명이 아치Archy형 테이블에 둘러 앉아 있었다. 학장님은 내게 그들이 준비한 의자에 앉으라고 지시했다. 자리에 앉을 때 모두가 나를 응시하고 있다는 것을 느꼈다. 죄인이 된 것만 같았다. 학장님은 진실만을 말할 것을 서약할 수 있냐고 물었다. 난 동의했다. 학장님은 사건의 심각성을 내게 인지시켜 주었다. 그리고 변호할 말이 있으면 지금 하라고 말했다.

"존경하는 학장님, 그리고 위원회 여러분! 물의를 일으켜 진심으로 죄송합니다. 처음에는 변명을 할까, 거짓말을 해서 이 위기를 어떻게든 모면해볼까 생각한 것도 사실입니다. 하지만 전 진실을 말씀 드리기로 결정했습니다. 혹 정학이나 퇴학의 처분이 내려진다 해도 저의 잘못이니 겸허히 받아드리겠습니다.

학장님 그리고 위원회 여러분, 그 커닝페이퍼는 제가 만들었습니다. 저는 독감에 걸려서 공부를 할 수 없었고, 부끄럽게도 커닝을 계획했습니다. 이 점에 대한 징계는 얼마든지 받겠습니다. 다만, 전 커닝을 하지 않았음을 말씀드리고 싶습니다. 전 커닝페이퍼를 만들었지만 양심의 가책을 느껴 커닝을 하지 않았습니다.

이것에 대한 두 가지 증거가 있습니다.

첫째, 제 시험지입니다. 제 시험지를 살펴보시면 제가 이 시험에서 낙제점수를 받은 것을 보실 수 있으실 것입니다. 그 커닝페이퍼를 보고 시험을 치렀다면 시험에 낙제하는 일은 없었을 것입니다.

둘째, 제가 바보가 아닌 이상, 만의 하나 커닝을 했다면 커닝페이퍼를 시험노트에 넣어 교수님께 제출하지는 않았을 것입니다. 그날 전 시험노트를 두 권 구입했고 커닝페이퍼를 한 권의 시험노트에 넣어두었습니다. 양심의 가책을 느끼며 전 커닝페이퍼가 들어있지 않은 노트로 시험을 치르기로 결정했습니다. 그리고 커닝을 하지 않고 시험을 치른 뒤 시험노트를 교수님께 제출했습니다. 여기서 제가 저지른 치명적인 실수는 제가 커닝페이퍼를 넣어둔 시험노트를 가지고 시험을 치렀다는 것이고 이를 알지 못한 상태에서 그 노트를 교수님께 제출했다는 것입니다.

학장님 그리고 위원회 여러분, 제가 만약 커닝을 했다면 완전범죄를 저질렀을 것입니다. 커닝을 하고 커닝페이퍼를 시험노트에 넣어 교수님께 제출하는 바보는 세상에 없을 것입니다. 물론, 커닝을 하지 않았다고 해서 커닝페이퍼를 만들고 커닝을 하려 했던 시도가 잘못이 아니란 말은 아닙니다. 다만 제가 양심의 소리를 듣고 뒤늦게라도 뉘우치고 커닝을 하지 않은 점을 고려해서 선처를 부탁드리는 바입니다. 감사합니다."

내가 처음 들어왔을 때와는 분위기가 사뭇 달라졌다. 어쩌면 퇴학을 당하지 않을 수도 있을 거란 작은 기대를 하게 되었다.

"Thank you, Daniel. Can you wait outside until we decide what to do with this matter?"

나는 밖에 나가 결과를 기다렸다. 오랜 시간이 지나지 않아 학생 한명이 나와 나를 불렀다.

"Come on in!"

들어가서 내가 앉았던 그 자리에 다시 앉았다. 학장님이 말씀하셨다.

"다니엘, 정직하게 말해준 점에 대해 고맙게 생각하네. 난 자네가 이 문제의 심각성을 인식하고 솔직하게 변론해 준 점을 감사하게 생각한다네. 우리는 자네가 커닝을 하지 않았다는 결론을 내렸네. 그리고 자네에게 다시 한번 기회를 주기로 결정했다네. 이번에 자넨 경고Academic Warning를 받을 거네. 그리고 이 경고는 학사기록에 5년 동안 남을 거란 걸 알아두게. 그리고 명심하도록! 커닝을 하지 않았어도 커닝을 계획하고 시도하려 한 것도 잘못됐다는 사실을. 다시 한번 이런 문제로 이슈가 된다면 자네는 퇴학을 당할 수도 있네. 앞으로는 정직하게 공부하고 최선을 다해서 실력을 쌓기 바라네."

'부활'이라는 게 이런 것일까? 난 다시 살아났다. 나에게 또 다시 기회가 주어진 것이다. 정학도 퇴학도 아닌 경고였다.

감사, 감사, 그리고 감사! 하늘을 날 것만 같았다. 사무실에서 나와서 무작정 달리기 시작했다. 캠퍼스 이곳 저곳을 달렸다. 기뻤다. 감격했다. 모든 것이 끝난 것만 같았는데 내게 또 한번의 기회가 주어졌다.

'다시는 커닝을 하지 않으리라! 빵점을 맞아도 정직할 것이다. 정직할 수만 있다면 못해도 다시 기회를 얻을 수 있다. 아프고 쓰린 경험을 통해 정직의 소중함을 새삼 또 깨달았다. 결심하고 또 결심했다. 두 번 다시는 이런 실수를 범하지 않으리라!'

대학교 3학년 겨울 그리고 사랑!

추운 겨울, 내게도 따뜻한 사랑이 찾아왔다. 가을학기 죽지 않을 만큼 힘들었던 나, 하나님께 기도했다.

"하나님께서 예비하신 제 배우자를 만나고 싶습니다. 잠시라도 괜찮습니다. 그녀를 한번 만날 수 있게 해주세요."

하나님께 솔직하게 기도했다. 내가 안타까워서일까? 하나님께서는 내 기도를 들어주셨다.

2월, 겨울학기가 시작되었다. 난 정신을 바짝 차리고 학업에 몰두했다. 본격적으로 전공과정 수업을 시작해야 했기에 동북아 정세에 관한 정치외교 수업을 수강했다. 총 7명이 강의를 수강했는데 매 시간 우리는 열띤 논쟁을 펼쳐야 했다.

수업에 동양인은 나 혼자였다. 동북아의 배경지식이 있는 나에게 이 수업은 비교적 재미있고 흥미로웠다. 중국의 문화혁명, 북한의 주체사상, 한국의 통일정책 등, 내가 성장한 배경을 둘러싸고 있는 역사적 내용들이 재미있게 다가왔다. 매일 책을 읽고 토론을 준비했다.

이 수업을 나 말고도 좋아했던 학생이 한 명 더 있었다. 미국인 아버지와 일본인 어머니 사이에서 태어나 어린 시절을 일본에서 보내고 초등학교 때 미국으로 온 에론Aaron. 그도 이 수업을 흥미로워했다. 토론이 시작되면 가끔씩 열띤 논쟁이 되기도 했는데 많은 부분 에론과 나의 의견대립이었다.

그는 북한을 못마땅하게 생각했다. 그리고 중국과 일본의 영향력 하에 남북문제가 평화적으로 해결될 거란 의견을 가지고 있었다. 난 6자 회담을 지지했고 북한과 남한의 주도 아래 평화 협상이 진행되어야 한다고 주장했다. 또한 북한 사회에 대한 문화적 배경과 상황의 바른 이해를 통해 그들의 도발과 핵문제를 이해하는 것이 중요하다고 주장했다.

정신 없이 토론을 진행하는데 강의실 문이 열렸다. 그리고 동양 아이들 15명 정도가 강의실 안으로 들어왔다. 교수님이 이들을 우리에게 소개해 주었다.

"이 학생들은 한국에서 온 대학생들입니다. 오늘 우리 수업을 청강할 것입니다."

갑작스러웠다. 전공수업에 이렇게 많은 학생들이 청강하러 오다니! 교수님은 우리에게 신경 쓰지 말고 토론을 이어가라고 말했다. 난 신경 쓰지 않고 토론을 이어갔다. 그리고 수업을 마쳤다.

방문객 중 한 명이 눈에 들어왔다. 큰 키, 청순하고 지적인 외모, 도도하고 차가운 시선, 그리고 내가 동경하는 동양적 아름다움. 장쯔이와 닮은 그녀! 난 그녀에게 첫눈에 반했다. 하지만 그런 티를 내고 싶지 않았다. 수업을 끝내고 기숙사로 돌아왔다.

우연일까 필연일까?

그 대학생들은 모두 내가 묵고 있던 기숙사에 지내고 있었다. 유피University Place라고 불리던 가장 저렴한 기숙사!

'왜 방문객들을 이런 저렴한 숙소에 묵게 하는 거지? 좋은 기

숙사도 많은데. 난 돈이 없어서 그렇다고 치고, 이들은 왜 이곳에서 지내는 걸까?'

덕분에 난 기숙사에서 이들과 자주 마주치게 되었다. 그리고 가끔씩 눈인사를 했다. 나를 가르치던 담당교수님이 내가 한국인이란 사실과 영어를 유창하게 잘 하는 청년이라고 그들에게 소개해 주었다. 어쩌면 그래서 그들도 나에 대해 호감을 가졌을지 모른다. 그 아이들 중 몇몇이 내게 말을 걸어왔다. 하지만 난 그들에게 특별한 관심이 없었다. 내가 관심이 있었던 사람은 장쯔이를 닮은 그 여대생 뿐이었다. 하지만 난 그녀의 이름조차 알지 못했다.

우연이 겹치면 그것은 필연이라 했던가?

그 장쯔이와 함께 다니는 어느 누나가 함께 점심을 먹으러 가

풋풋했던 나의 아내

자고 제안했다. 그리고 장쯔이를 데려왔다. 우리는 인사를 나눴다. 그녀의 이름은 문경이었다.

정문경! 난 그녀를 문경씨라고 불렀다. 그녀에게 말을 거는 게 쉽지는 않았다. 도도하고 퉁명스러웠던 그녀!

"요즘 한국 날씨는 어떤가요?"

할 말이 없어서 날씨에 대해서 물었

다. 미국에서는 대화를 시작할 때 날씨에 대한 이야기를 부담 없이 한다.

"인터넷 안 보시나요? 인터넷 보시면 나와요!"

아! 이 사람은 대체 뭐지? 대화를 시도하는 나를 무참히 밟아버린다. 민망한 내색을 하지 않고 학생식당으로 들어갔다. 점심을 먹으며 대화를 나누다가 국제외교학International Politics 수업 퀴즈 시험이 있는 것이 생각나서, 서둘러서 인사를 하고 도서관으로 갔다. 너무나 아쉬웠다. 더 대화를 할 수 있었는데. 다음 기회가 있으리라! 그렇게 우리는 헤어졌다.

분명 다음 기회가 있을 거라 생각했는데 그녀를 만날 수 없었다.

'대체 어디에 숨은 걸까?'

며칠 동안 그녀를 만날 수 없었다. 난 수소문해서 그녀의 숙소로 전화를 걸었다. 그녀가 전화를 받았다. 별 생각 없이 전화를 걸긴 했는데 뭐라고 말하지? 멘트라도 생각해보고 전화를 걸었어야 했는데.

"잠깐 1층 로비로 내려와주실 수 있으세요?"

"무슨 일이신가요?"

그녀가 물었다. 딱히 용건은 없었다.

"잠깐 할 이야기가 있어요!"

내게 주어진 시간 약 5분!

그녀가 내려오는 동안 무슨 말을 할지 생각해보기로 했다. 특별히 할 말이 생각나지 않았다. 엘리베이터 소리와 함께 그녀가 로비로 내려왔다.

"무슨 일이신데요?"

그녀는 무슨 큰일이 난건 아닌지 궁금해했다. 그녀에게 난 커피나 한잔 하자고 말했다. 그녀는 밝게 웃으며 올라가서 외투를 가지고 내려오겠다고 했다.

우리는 눈길을 걸으며 엠유Memorial Union로 갔다.

엠유는 학교기념관이었는데 그곳에 카페가 있었다. 그곳에 들어가서 난 카페모카, 그녀는 오렌지주스를 주문했다. 그런데 점원이 잘못 알아듣고 카페모카와 오렌지를 줬다. 그녀는 괜찮다고 오렌지를 먹는다고 했다. 나는 첫 대화 때와는 달리 무던한 성격이라는 생각이 들었다. 카페 안에선 학생들이 조용히 대화를 나누기도하고 공부를 하기도 했다. 주문한 음식을 가지고 창가 쪽 테이블에 마주보고 앉았다.

창밖에는 눈이 내리고 있었다.

잔디와 나무 그리고 건물들이 눈으로 뒤덮인다. 가로등이 비추는 그림 같은 거리, 몸을 기대고 걷는 연인들, 눈부시게 아름다운 배경 속에서 난 시간이 멈춘 것만 같은 느낌을 받았다. 영화 속 한 장면과 같은 상황 속에서 내가 먼저 그녀에게 말을 건넨다.

"미국생활은 어때요? 재미있으세요?"

"재미있어요! 처음엔 대니가 한국인인줄 몰랐어요. 영어를 잘하는 중국계 미국인이라고 생각했는데 교수님이 한국사람이라고 말해줬어요. 그래서 알았어요."

우리는 자신에 대한 이야기를 나누었고, 경청했다.

종교, 문화, 사회, 그리고 미래에 관해서까지도 대화를 나눴다.

무엇이 우리를 묶어놓았을까? 우리는 서로에게 매력을 느꼈다. 그녀와 난 서로가 찾고 있었던 사람임을 느끼고 있었다. 그날 저녁, 숙소로 돌아온 난 일기를 썼다.

'하나님께서 내게 보내주신 여성이란 확신이 든다. 아마도 난 이 여성과 결혼을 할 것 같다.'

얼마 후, 그녀가 곧 한국으로 돌아가야 한다는 것을 알게 되었다. 그녀에게 정식으로 데이트 신청을 했다. 그녀가 한국으로 떠나기 전날 밤, 우리는 만나기로 약속했다. 그녀와 특별한 데이트를 하고 싶었다. 내게 주어진 마지막 시간, 뭘 해야 할까?

나는 그녀와 함께 세인트루이스에 가서 데이트하기로 마음먹었다. 콜롬비아에서 세인트루이스에 가려면 2시간 동안 운전을 해야 했다. 갔다 왔다 4시간이 걸리는 먼 거리! 이 정도 시간이면 많은 것을 이야기 할 수 있을 거라 생각했다.

그 날 아침, 수업을 마치고 세차를 했다. 차를 구석 구석 청소

하고 방향제를 뿌렸다. 하루 종일 그녀와 함께 데이트를 할 생각에 흐뭇했다. 모든 준비를 다 마치고 숙소에서 기다렸다. 이게 어찌된 일일까? 그녀는 약속시간이 지났는데도 오지 않았다. 내 전화를 받지도 않았다.

'대체 무슨 일이지? 나와 데이트하는 것이 부담이 됐을까? 한국으로 아무 말없이 그냥 떠나려고 하는 걸까? 내가 싫어졌을까?'

이런 저런 생각을 하면서 곰인형을 안고 침대에 누웠다. 그리고 잠이 들었다.

시간이 얼마나 지났을까?

"딩동! 딩동!" 초인종이 울리기 시작했다.

그녀는 내가 묵고 있는 숙소 번호를 잊어버려서 온 빌딩을 다 찾아 헤맸다고 했다. 늦었지만 그녀는 도착했다. 그리고 우리는 세인트루이스로 가서 데이트를 했다.

그날 저녁 그녀와 많은 이야기를 나눌 수 있었다. 그리고 그녀에 대해서 더 많이 알게 되었다. 데이트를 하고 숙소로 돌아왔을 땐 이미 자정이 다 되어있었다.

이제 그녀는 내일 새벽 한국으로 돌아간다. 이런 감정은 처음이었다. 만난 지 얼마 되지도 않은 그녀가 떠난다는 게 내게 슬픔으로 다가왔다. 마음 한편이 휑한 느낌. 쓸쓸하고 외로운 이 느낌. 나와 같은 감정을 그녀도 느꼈을까?

"미국에선 헤어질 때 포옹을 한다던데 안 안아주세요?"

그녀에게 다가가 안아주었다. 우리는 그렇게 헤어졌다.

숙소에 들어와 누웠다. 그리고 아무 생각도 하지 않기로 결정했다. 눈물이 흘렀다. 대체 난 왜 우는 걸까? 다음날 새벽, 그녀가 떠나고 이 건물에 나 혼자 남겨졌다는 생각이 들었다. 그리고 슬픔이 몰려왔다.

귀국 그리고 청혼!

하나님께 감사드렸다. 미숙한 나의 기도를 들어주셨다.

그리고 그녀를 내게 보여주셨다. 잠시라도 볼 수 있기를 기도했는데 정말로 그녀를 잠시 동안만 볼 수 있었다.

한치의 오차도 없으신 정확하신 하나님!

그녀와 보낸 짧은 시간이 내겐 의미 있는 시간이었다. 그녀가 스쳐가는 인연이 아님을 느낄 수 있었다.

그날부터 계획하기 시작했다. 그녀를 만나러 가기로! 아르바이트를 조금 더 하자. 학교 도서관에서 일하는 것만으로는 한국행 경비가 부족했다.

맥도날드로 갔다. 그리고 새벽타임 일을 하나 더 구했다.

돈을 아껴 쓰자. 비행기 티켓팅Ticketing을 신속하게 해야만 한다. 그래야 저렴하게 표를 구입할 수 있다. 일단 목표는 표를 구입하는 것! 주말에도 일을 하자. 아는 사람의 도움을 받아 올리브가든Olive Garden이란 레스토랑에서 일자리를 구했다. 감사하게도 두둑한 팁을 받으며 짧은 시간 안에 꽤 많은 돈을 모을 수 있었다.

비행기표를 구입했다. 그리고 남은 돈으로 그녀에게 선물을 사주고 싶었다. 목걸이. 몰Mall에 가서 보석점으로 들어갔다. 여러 가지 목걸이를 살펴보았다. 한 목걸이가 눈에 들어왔다. 다이아몬드 목걸이! 비쌌다. 하지만 난 반드시 이 목걸이를 구입하기로 마음 먹었다. 그녀에게 최고를 선물하고 싶었기 때문이다.

일하고 또 일하고! 모으고 또 모아서!

그 목걸이를 구입할 수 있었다. 그렇게 비싼 보석은 아니었지만 내겐 조금 큰 액수의 보석이었다. 보석을 사고나니 남은 돈이 많지 않았다. 한국에서 한달을 머물기로 결정했다. 아끼고 아낀다 쳐도 생활비로 50만원은 족히 필요해 보였다. 그런데 내가 가진 비용은 80만원 정도! 그녀와 여행도 가고 싶고 맛있는 것도 먹고 싶었는데 내가 가진 돈은 터무니 없이 부족했다. 어떻게 하지?

방법을 찾아야만 했다.

내가 가진 능력은 영어실력뿐, 뭐 별다른 게 없었다.

'그래 뭐, 까짓 것! 영어를 가르쳐보자!'

그녀가 다니는 대학교 웹사이트에 들어갔다. 그리고 자유게시판에 글을 올렸다.

"저는 미국에서 대학교 3학년에 재학 중인 대니라고 합니다. 사정이 있어 이번 여름 한 달간 한국을 방문하게 되었습니다. 잠만 잘 수 있는 방을 한 달간 빌려주시면 일주일에 두 번, 두 시간씩 영어를 가르쳐 드리겠습니다."

감사하게도 답글이 달리기 시작했다. 그리고 공대생 한 명이 본인의 집에 빈 방에 있다고 나를 초대했다. 야호! 방이 해결됐다.

이제 한국행 비행기에 오르는 일만 남았다. 이렇게 난 한국으로 떠날 준비를 마쳤다. 기말고사가 다가왔다. 기분 좋게 한국에 방문하려면 시험을 잘 치러야만 했기에 밤을 새워서 공부했다. 학기를 잘 마무리하고 부담 없이 한국으로 귀국하리라!

기말고사가 끝났다. 드디어 한국행 비행기에 오르는구나. 흥분되기 시작했다. 미국에 온 지 7년 가까이 됐지만 한번도 한국에 나가지 않았다. 더군다나 전라도 광주는 가본 적이 없는 도시였다.

'내가 잘 할 수 있을까?'

흥분되고 걱정이 됐다. 하지만 그녀를 다시 만날 수 있다는 기대감으로 난 행복했다. 2015년 5월 여름학기가 끝나기가 무섭게 한국행 비행기에 올랐다.

광주는 매력적인 도시였다.

처음 광주에 도착해서 버스를 탔는데 말이 너무 세다고 할까? 모두가 욕을 하는 것 같이 느껴져서 당황스러웠다. 예쁘게 생긴 여중생들의 대화를 들으며 이 아이들이 싸우는 건지 대화하는 건지 궁금했다. 하지만 사람들과 친해지면서 광주 사람들이 정이 많고 착하다는 것을 알게 되었다. 인심도 좋았다. 가는 식당마다 음식은 또 얼마나 맛있던지. 광주에서 살고 싶다는 생각이 들 정도로 마음에 쏙 들었다. 물론 내가 사랑하는 여인의 도시이자 고향이기에 마음이 더 갔을 수도 있겠다.

광주에 도착해 내게 방을 빌려주기로 한 그 학생의 집을 찾아갔다. 그 학생의 집은 광주 운암동에 위치해 있었다. 감사하게도 문경씨도 운암동에 있는 아파트에 살고 있었다. 내 숙소에서 거리를 측정해보니 걸어서 10분 거리였다. 모든 것이 완벽했다.

광주에 도착한 난 방에 짐을 풀고 누웠다. 방이 넓고 편했다. 그 학생의 부모님께서는 손님인 내게 안방을 내주셨다. 잘 알지도 못하는 내게 이런 호의를 베푸시다니. 구석에 있는 작은 방도 괜찮은데. 아마도 그분들은 멀리 태평양을 건너 미국에서 온 내게 가장 좋은 것으로 대접하기 원하셨던 것 같다. 아침밥도 챙겨 주시고 여러 가지로 내 편의를 봐주셨다. 참 감사했다.

그 당시 문경씨는 중등교사 임용고시를 준비하고 있었다.

사범대에서 영어교육학을 전공한 그녀는 시험 준비에 정신이 없었다. 그래서 내가 귀국을 했는데도 공부하느라 나를 자주 만날 수 없었다. 내가 한국에 온다고 했을 때 그녀는 극구 말렸다. 시험을 치러야 하기 때문에 한국에 나오지 말아달라고 부탁했다. 하지만 난 그녀의 말을 듣지 않았다. 본인에겐 비밀이지만 사실 난 그녀가 임용시험에 떨어지기를 원했다. 그래야 내가 그녀를 미국에 데려가기 더 수월할 거란 생각을 했기 때문이다. 교사가 되면 나와 결혼해서 미국에 들어가는 결정을 내리기 더 어려워질 것만 같았다.

아직 대학교 3학년밖에 되지 않았던 나 그리고 경제적 측면에선 지나가는 걸인 못지않게 가난했던 나. 대체 어떻게, 아무런 대책도 없이 결혼을 생각하고 있었는지 지금 생각해보면 그때의 내 모습이 한심하기 짝이 없다. 그럼에도 난 확고했다. 반드시 결혼하리라!

아침에 일어나면 그녀가 있는 학교 도서관으로 갔다.

백도White library라는 도서관에서 책을 보며 시간을 보냈다. 그러고 있으면 가끔씩 그녀가 점심을 먹으러 나왔다. 난 그녀에게 점심만이라도 같이 먹자고 제안했다. 그리고 우린 함께 식사를 했다. 처음 그녀는 내가 부담스러웠지만 시간이 지나면서 차츰 내 진심이 느껴졌다고 한다. 그녀는 최선을 다해서 시험 준비를 하고 있었다.

가정형편이 좋지 않았던 그녀는 임용시험을 삶의 돌파구로 생각했던 것 같다. 난 그녀에게 농담 반 진담 반으로 나와 결혼하면 그깟 시험 같은 건 보지 않아도 된다고 말해주었다. 그녀는 내 이야기를 웃어 넘겼다.

내가 그녀와 보낼 수 있는 시간은 점심시간과 밤 늦게 그녀를 집에 바래다주는 시간이 전부였다. 그 시간들을 최대한 활용해서 그녀와 대화를 나눴다. 참 즐겁고 행복했다. 우리는 밤거리를 걸으며 데이트를 했다. 시간이 이대로 멈췄으면 좋겠다라는 생각을 수도 없이 했던 것을 생생하게 기억한다.

그녀는 내가 지금까지 만나왔던 여성들과 달랐다. 신앙의 수준, 마음의 깊이, 배려와 존중, 그리고 수려한 미모! 뭐 하나 나무랄 것 없는 나의 이상형이었다. 처음에는 그녀의 외모에 끌렸지만 시간이 지나면서 점점 더 그녀의 내적 아름다움에 매료되었다.

어느 날, 학교에 가지 않고 집에서 쉬고 있는데 전화 한 통이 걸려왔다. 문경씨가 한국에 머무는 동안 쓰라고 언니의 핸드폰을 잠시 빌려준 것이었다. 나에게 전화를 할 사람이 없는데 대체 누구일까.

난 문경씨와 통화할 때만 이 전화를 사용했다. 아무에게도 전화번호를 가르쳐주지 않았는데 모르는 사람이 내게 전화를 건 것이다. 잘못 걸린 전화쯤으로 여기며 받았다.

"여보세요?"

"혹시, 대니 학생인가요?"

"네, 맞습니다. 누구세요?"

"난 정문경 학생 엄마 되는 사람이에요. 잠시 만날 수 있을까요?"

문경씨 어머니께서 내게 전화를 주신 것이다. 왜 날 보자고 하시는 걸까? 혹시 내가 뭘 잘못한 걸까? 아직 아무런 준비가 되지 않았는데. 만나서 어떤 말을 해야 할지 전혀 알 수 없었다.

약속장소로 나갔다. 그리고 문경씨의 어머니를 만났다.

어머니는 등산복차림에 얼굴을 다 가린 자외선 차단용 모자를 쓰고 계셨다.

"산에 갈건데, 같이 올라간텐가?"

청바지와 흰색 티셔츠를 입고 어머니를 따라 올라갔다. 산에 올라가신다고 말씀해주셨으면 준비라도 하고 나왔을 텐데. 난 땀을 뻘뻘 흘리며 뒤따라 갔다.

산을 한 두 번 탄 솜씨가 아니셨다. 아무 말도 없이 산을 몇 바퀴나 돌았다. 젊은 내게도 숨가쁜 코스를 쉬지 않고 세 번정도 돌았던 것 같다. 내 체력을 시험하시는 건가? 왜 아무 말도 없이 산만 타시는 건지 알 길이 없었다.

　잠시 후 속도를 늦추고 내게 말을 걸어 오셨다.

"자네는 나중에 뭘 할 계획이야?"

"저는 국제변호사가 되거나 교수가 되고 싶습니다."

　어머님께서는 나의 말을 주의 깊게 들으셨다.

"자네, 신앙이 좋다던데 교회는 언제부터 다녔어?"

"어렸을 때에는 가끔 다녔는데 미국에 가서는 꾸준히 다니게 됐습니다."

　나는 할머니 이야기를 어머님께 해드렸다. 그리고 내가 어떻게 해서 신앙을 갖게 됐는지 설명해 드렸다. 어머님께서는 진솔한 나의 모습을 좋아해 주셨다. 그리고 다른 건 모르겠지만 신앙만큼은 마음에 든다고 말씀하셨다. 이 순간 이후 어머님께서는 나의 천군만마가 되어주셨다. 나를 자주 불러내 밥도 사주셨다. 그 뒤 여러 번의 대화를 통해 어머님과 나는 아주 친해졌다.

　미국에 있을 때 난 문경씨에게 한 가지를 제의했었다.

"우리 같이 제주도 여행 가요!"

　그녀는 아무렇지도 않게 알겠다고 대답했다. 분명 심각하게 받아들이지는 않았던 것 같아 보였지만 나는 약속으로 받아들였다. 그리고 한국에 들어오기 전 제주도 여행을 철저하게 계획했다.

어느 날, 집에 오는 길에 그녀에게 말했다.

"지난 번에 말했던 그 제주도 여행, 다음주에 가요."

그녀는 깜짝 놀라는 눈치였다.

'정말 이 사람이 단둘이 여행을 가지고 말하네.'

뭐 이런 반응이었다. 난 아무렇지도 않게 약속한 것은 지켜야 한다고 말했다. 그녀는 어쩔 줄 몰라 했지만 또 한편으로는 좋아하는 것도 같았다.

그런데 문제는 문경씨의 어머님을 설득하는 것이었다. 난 문경씨 집으로 직접 찾아가 문경씨와 바람도 쐴 겸 2~3일 여행을 다녀오겠다고 말씀드렸다. 처음에는 당황하셨지만 공부만 하는 딸이 안쓰러웠던지 괜찮을 것 같다고 말씀하셨다. 그리고 나를 믿는다고 말씀하셨다.

그날 문경씨의 쌍둥이 남동생이 집에 있었다. 우리 둘이 제주도 여행을 간다는 이야기를 듣고 참 난감해하던 모습이 기억이 난다.

"진짜, 엄마가 허락한 거야? 말도 안돼, 엄마가?"

이방 저방 돌아다니다가 남동생은 밖으로 나가버렸다. 진짜로 허락을 받았다. 우리는 함께 제주도로 간다!

어머님께서 우리를 광주공항에 데려다 주셨다. 그리고 잘 놀다 오라고 말씀해주셨다. 30분, 40분 얼마나 시간이 지났을까? 비행기에 오른 지 얼마 되지 않아 우린 제주도에 도착했다. 그리고 내가 미리 예약해둔 숙소로 갔다. 도착 후 어머님께 전화를 드렸다.

"내가 믿는다고 했던 말 기억나지? 난 진심으로 자넬 믿고 여행을 허락한 거야! 무슨 말인지 알지?"

믿음, 믿음, 그리고 또 믿음!

대체 뭘 믿는다는 건지 잘 이해할 수 없었다. 내겐 협박처럼 느껴졌다.

'내 귀한 딸 털끝 하나 손대면 가만두지 않겠다.'

뭐 이런 경고성 메시지 같아 책임감이 느껴졌다. 심각하게 많이!

'그래 그 믿음에 보답하자.'

보답하지 않으면 감옥에 갈 수도 있을 것 같았다. 아무튼 난 그어떤 다른 계획을 가지고 있지 않았다. 남자는 다 늑대라는데. 물론 나도 늑대근성이 있겠지만 여행을 제의한 마음은 순수했다. 그저 사랑하는 사람과 아름다운 곳에서 즐겁고 기쁘게 여행을 하고 싶은 마음, 그게 전부였다.

그녀와 난, 늦은 밤 해변으로 나갔다. 그리고 바위에 걸터 앉아 이야기를 나눴다. 잠시 후 그녀를 바라보다가 키스를 했다. 우리 둘 다 준비되지 않았다. 그녀의 입술이 떨려왔다. 물론 나도 떨렸지만 티를 내지 않으려 노력했다. 하지만 들켰으리라 생각한다.

우리 둘은 한참동안 아무 말도 하지 않았다. 그리고 잠시 후 자리에서 일어나 팔짱을 끼고 해변을 걸었다.

끊임없이 밀려오는 파도소리, 저 멀리 보이는 등대, 어둠을 비추는 불빛, 그림같이 아름다운 바닷가를 걸으며 우리는 마음으로 대화했다. 그 당시 어떤 대화를 나눴는지 자세하게 기억이 나지는 않지만 그때의 느낌과 풍경은 아직도 내 마음을 설레게 한다.

제주도에서의 시간은 달콤했다. 그리고 아름다웠다.

풋풋한 우리 사랑의 기억!

어느새 먼 과거가 되어 버린 추억!

사진 한 장 남기지 못했던 그 여행은 이제 나와 그녀의 머릿속에만 설레는 기억으로 남아있다. 그리고 그 기억의 순간들을 마음속에서 꺼내볼 때마다 느껴지는 감동은 사진을 보는 감동과는 사뭇 다르다.

내 청년의 시절! 그때 느꼈던 순수한 감정 그리고 그 사랑의 기억들. 빛 바랜 사진첩 사진을 감상하며 추억을 회상하듯이 기억을 더듬어 옛 추억을 그리다 보니 그때 느꼈던 감정들이 나의 마음을 채운다. 그때로 돌아가고 싶은 충동을 잠재우고 난 다시 광주로 돌아가려 한다.

제주도에서 밤 비행기를 타고 광주로 돌아왔다. 나는 곧 미국으로 돌아가야만 했다. 미국으로 돌아가기 전날 밤, 그녀가 선물을 줬다. 내가 들고 다녔던 가방이 너무 낡아 보였던지 그녀는 가방을 선물로 줬다. 난 가방보다도 가방 안에 들어있었던 편지가 더 마음에 들었다. 편지를 꺼내 수첩에 넣었다.

그녀는 내게 어떤 말을 하고 싶었을까? 아쉬웠을까? 나를 좋아하게 됐을까? 혹시 내가 잘못한 것은 없었을까?

미국으로 돌아가는 날, 그녀는 배웅을 나올 수 없다고 했다. 시험이 얼마 남지 않아서 공부를 해야 한다고 했다. 그래, 공부가 중요하지! 머리로는 이해가 됐지만 마음으론 이해되지 않았다. 멀고 먼 타향 땅에서 그녀만을 바라보고 왔는데, 떠나는 사람을 홀로 보내다니. 마음이 서글퍼졌다. 차에 올랐다. 그녀는 정말로 배웅을 나오지 않았다. 그리고 난 인천공항행 버스를 타고 광주를 떠났다.

미국으로 돌아온 나는 그녀와 더욱 더 가까워졌다.

매주 몇 번씩 그녀와 전화 통화를 했다. 한국에 방문하기 위해서 돈을 벌어야 했던 지난 학기와 달리 이제 난 한국에 전화를 걸기 위해 돈을 벌어야 했다. 매월 국제전화비용이 몇 백불씩 나왔다.

그녀는 임용고시를 공부하고 있었다. 나는 그녀에게 미국에 와서 함께 공부하자고 말했다. 그리고 결국 그녀는 시험을 포기했다. 우리는 결혼을 약속했다.

다음 해 여름, 난 한국으로 다시 나가 그녀의 부모님을 설득해 결혼 승낙을 받았다. 그리고 우린 미국에서 결혼식을 올렸다.

귀국 그리고 청혼

그녀와 함께 살기 위해 주택형 기숙사를 얻어서 생활했다. 우린 신혼집을 대학교 기숙사에 차린 것이었다. 그녀와 지내는 하루하루가 너무나도 행복했다. 우린 수업도 식사도 외출도 늘 함께했다. 캠퍼스 타운에서의 평화로운 날들을 보내며 이곳에서 영원히 함께할 수 있었으면 좋겠다는 생각을 했다.

캠퍼스 커플 그리고 졸업

결혼

하지만 곧 대학을 졸업했다. 그리고 대학원 진학을 위해 이사를 해야 했다. 지난 4년간 내 삶의 아주

세인트루이스 사진관에서

소중한 기억들이 남아있는 캠퍼스 타운, 콜롬비아. 나는 정든 이 곳을 뒤로한 채 떠나야만 했다.

"Good-bye, Columbia! I'll miss you."

TWENTY-SIX

TWENTY-SIX

커버넌트

*"Think twice before you speak,
because your words will plant the seed of
either success or failure in the mind of another."*
- Napoleon Hill

더글라스 교수님

커버넌트 신학대학원Presbyterian Church in America 재단신학교은 세인트루이스St. Louis라는 미국 중부 중소도시에 있다. 미국야구MLB를 좋아하는 사람이라면 카디널Cardinals이란 팀 이름을 들어봤을 것이다. 세인트루이스는 사람들에게 알려지지 않은 작은 도시이지만 생활하기에는 아주 좋은 도시이다.

동물원St. Louis Zoo, 미술관St. Louis Museum, 공원Forest Parks 등 여가를 즐길 수 있는 곳이 너무나도 많다. 주말이면 공원에 나가 바베큐를 굽고 가족과 함께 편안한 휴식을 만끽할 수 있다. 언제든지 집 앞 공원에서 조깅을 할 수 있고 마음만 먹으면 저렴한 금액으로 즐길 수 있는 문화시설이 잘 조성되어 있다.

난 커버넌트에 입학해 목회학 석사M. Div과정을 공부했다. 석사 과정이지만 110학점을 이수해야 했기에 거의 모든 학생들이 4년 동안 공부를 해서 졸업장을 받았다. 내가 커버넌트에 입학한 이유는 목사가 되려는 목적은 아니었다. 난 성경을 원어로 배우고 싶었다. 그래서 하나님의 말씀에 정통하기 원했다. 2006년 겨울, 커버넌트 신학대학원에 입학했다.

대학원 1학년 때 필립 더글라스Philip Douglas 교수님의 영성수업 Spiritual and Ministry Formation을 들었다. 이 수업은 참 독특한 수업이었다. 수업을 듣는다기보다 세미나에 참석한 것 같았다. 강의실 뒤에는 따뜻한 커피와 갓 구운 쿠키가 놓여있었다. 가끔씩은 빵과 견과류도 제공됐다. 가난한 신대원생들을 위한 배려였을까? 참 감사했다. 수업을 들으면서 성격유형검사MBTI에 대해서 자세하게 배울 수 있었다. 그리고 교수님은 시간을 내서 모든 학생을 일대일로 상담해주셨다. 난 지금까지 이런 교수님을 만나본 적이 없었다. 수업 시간 때마다 난 이분이 가르친다기보다 나눠주고 있다는 느낌을 받았다.

강의실의 분위기 또한 내가 지금까지 경험했던 것과는 사뭇 달랐다. 수업을 들으면서 눈물을 흘린 적도 많았다. 탈권위적인 분위기, 엄청난 분량의 수업준비, 그리고 진심이 담긴 가르침 등이 내게 큰 감동을 주었다.

더글라스 교수

교수님께서 말씀하시는 것은 단순히 지식을 전달하는 것이 아니었다. 삶의 연륜, 경험을 바탕으로 한 지혜, 그리고 하나님과의 동행을 통해 얻은 깨달음을 우리에게 나눠주셨고 난 그 가르침을 마음에 담았다. 세상에 이런 수업이 있을 수 있구나!

매 수업 교수님의 가르침을 놓치지 않기 위해서 최선을 다했다. 많은 분량의 책을 읽고 거의 매 시간 에세이와 시험을 준비해야 했지만 가치 있는 노력이었다.

한 학기라는 짧은 기간 동안 난 교수님이 무엇을 말하고자 하는지 느낄 수 있었다. 교수님은 배움에 대한 신실한 실천 그리고 진리 안에서의 자유를 정의하셨다.

난 이 수업을 들으며 새 사람이 된 것만 같았다. 기쁘고 행복했다. 그 동안 내가 배워왔던 모든 것들이 정리되는 기분이었다. 아직도 더글라스 교수님의 수업을 생각하면 마음이 편안해진다. 나도 누군가를 가르친다면 교수님처럼 하고 싶다는 생각을 했다. 교사란 직업에 대해 한번도 진지하게 생각해 본 적은 없었지만 이 수업을 들으면서 가르침을 통해 사람이 바뀔 수도 있겠다는 생각을 하게 되었다. 그리고 언젠가 만약 내가 교사가 된다면 더 글라스 교수님 같은 선생님이 되리라 다짐했다.

토마스제퍼슨, 웨스트민스터, 샤머네이드!

커버넌트에서 공부하는 동안 난 교회에서 중고등부 전도사 역할을 맡았다.

내게 맡겨진 아이들은 미국에 조기유학을 와서 기숙사생활을 하던 한인 아이들이었다. 대부분 토마스제퍼슨, 웨스트민스터, 그리고 샤머네이드 고교에 다니는 학생이었다.

난 이 학생들과 대화를 나누며 참 많은 것을 배우고 느낄 수 있었다. 토마스제퍼슨에 재학중인 학생들은 부유한 아이들이 많았다. 공부도 잘했다. 하지만 안타깝게도 이 아이들 대부분은 복음을 믿지 않았다. 그저 식사초대에 응하고 교회 모임에 와서 잠깐 예배를 드리는 것이 전부였다. 난 이들과 대화하며 이들을 변화시키기 원했다. 그러나 학교 공부가 우선인 아이들에게 교회는 사교활동을 위해 잠시 찾는 문화생활의 일부였을 뿐이었다.

나는 방법을 바꿨다.

학교에 가서 아이들을 만나고 대화하기로 했다. 나는 토마스제퍼슨 고교에 수도 없이 찾아갔다. 중고차를 끌고 캠퍼스에 들어 갔다가 차가 고장나는 바람에 어려움을 겪었던 적이 한 두 번이 아니었다. 토마스제퍼슨에 가서 잔디밭에서 책을 읽는 아이들과 담화를 나누기도 하고 길을 걷는 아이들을 세워놓고 이야기하기 도 했다. 그들은 참 행복해 보였다. 다들 학문 탐구에 열의가 있 었고, 학교 생활에 열정적이었다. 난 토마스제퍼슨뿐 아니라 샤 머네이드 그리고 웨스트민스터 고교에 찾아가 아이들과 만나고 대화를 나눴다. 감사하게도 교회 안에서보다는 학교에서 아이들 과 더 자연스럽게, 더 깊은 대화를 나눌 수 있었다.

토마스제퍼슨 아이들은 학업뿐만 아니라 운동도 참 열심해 했 다. 교사들은 아이들의 학업 성취도에 관심이 많았고 아이들도 공부를 즐기는 것처럼 보였다. 내가 한국에서 봐 온 억압적인 분 위기에서 어쩔 수 없이 하는 공부와는 많이 달라 보였다. 이들은 공부를 즐길 뿐 아니라 학교생활을 행복해했다.

'학교란 곳이 행복할 수 있구나!'

토마스제퍼슨, 웨스트민스터, 샤머네이드 고교의 아이들을 살 펴보면서 문득 이런 생각을 했다.

'교회 말고 학교에서 아이들을 가르치는 건 어떨까?'

교회에서 아이들을 가르치는 건 분명 한계가 있었다. 아무리 말씀을 잘 가르치고 지도해도 학교 교육보다는 더 효율적일 수 없었다.

이때 처음으로 내가 만약 나중에 은퇴하고 여력이 되면 토마스제퍼슨 혹은 웨스트민스터와 같은 학교를 한국에 세우고 싶다라는 생각을 했다.

행복한 학교! 자유로운 학교! 학생 한 명, 한 명의 표정과 색깔이 살아있는 교육! 즐겁게 참여할 수 있는 공부! 봉사, 정의, 인권, 자유, 평등, 인간의 존엄성을 공동체 속에서 배우고 실천할 수 있는 학교. 토마스제퍼슨이 물론 완벽한 학교라는 뜻은 아니다. 하지만 토마스제퍼슨의 교육 문화는 분명 한국의 어느 학교보다도 앞서 있었다. 그들의 문화를 배우고 싶었다. 그들의 교육을 한국토양에 배양하고 싶은 생각이 들었다. 물론 현실적으로 불가능한 일이다.

난 학교를 모르고 돈도 없고 교육자도 아니었다. 그저 신학대학원에 다니는 가난한 학생이었을 뿐이었다. 하지만 언젠가, 만약 내게 기회가 주어진다면 난 이런 학교를 한국에 심으리라 다짐했다.

브라이언 채플 Christ-centered Preaching!

커버넌트에서 내게 가장 흥미로웠던 수업은 단연 브라이언 채플 교수의 그리스도 중심의 설교학Christ-centered Preaching 수업이었다.

채플 교수는 미국에서 가장 영향력 있는 설교자로 알려진 학자이자 설교학의 대가이다. 교수님은 노스웨스턴Northwestern 대학교에서 저널리즘을 공부하고 커버넌트에서 목회학을 공부하셨다. 어쩌면 저널리즘의 배경이 신학과 만나면서 소통에 대한 생각이 정립되셨으리란 생각이 든다. 난 브라이언 채플 교수의 수업을 기회 있을 때마다 모두 신청해서 들었다. 물론 대부분 전공수업이어서 반드시 들어야만 했다.

그의 수업은 나로 하여금 소통이 단순한 대화가 아니라 철저한 계획 속에서 구체적인 목적을 가지로 진행됐을 때 훨씬 더 파워풀한 도구가 될 수 있음을 깨닫게 해주었다. 그 당시 난 설교는 단순히 하나님의 말씀을 전달하면 되지 거기에 인간의 기교를 넣을 필요가 있나라고 단순하게 생각하고 있었다. 또한 하나님 말씀만 잘

브라이언 채플

이해해서 전달하면 되지 무슨 전략이 필요할까? 처음에는 뭔가 잘못된 것은 아닐까라는 의심을 가졌던 것도 사실이다. 하지만 수업이 진행되면서 나의 생각은 완전히 깨져버렸다.

채플 교수는 말씀에 정통할 뿐 아니라 청중의 심리상태와 삶의 고뇌를 정확하게 인지하고 그들의 언어와 문화 속에 하나님의 말씀을 전달하는 소통의 매개체 역할을 하는 사람이 설교자이며 그 행위가 설교라고 정의했다.

대중이 고민하는 문제를 등한시한 채 2천 년 전 일어난 사건에 대해 설명하는 것은 아무 의미가 없다는 것이다. 지금 이 시대가 안고 있는 문제와 시대적 배경을 이해하고 하나님의 말씀을 이 시대에 맞게 신실하게 고민하고 연구해서 말씀과 삶의 무너진 영역을 만나게 했을 때 근본적인 치유와 변화가 일어난다는 것이다. 난 채플 교수님의 수업을 들으며 소통에 대한 생각을 재정립하게 되었다.

채플 교수는 또한 우리에게 비판적 사고를 강조했다.

학년이 올라가면서 우리 모두는 직접 5분 설교를 준비해서 강단에 올랐다. 모두가 설교를 해야만 했고 서로의 설교를 신랄하게 비판해야만 했다. 철이 철을 날카롭게 한다고 했던가? 우리는 설교를 들으며 어떻게 하면 더 구체적으로 하나님의 말씀을 여러 다른 상황, 성별, 나이대의 사람들에게 효과적으로 전달할 수 있을지 고민하고 연구했다. 그리고 채플 교수의 설교학을 전원 다 습득할 수 있었다.

채플 교수의 강의는 탁월함을 넘어 진리를 담을 수 있는 그릇이란 생각이 들었다. 우린 서로에게 채플 교수의 저서, '그리스도 중심의 설교학'이란 책을 읽지 않은 사람이 설교를 하는 것을 죄라고 말할 정도였다. 농담 삼아했던 이야기였지만 그 정도로 이 설교학 수업은 우리에게 의미 있게 다가왔다.

난 채플 교수를 진심으로 존경했다.

채플 교수는 세계적인 신학자이고 설교자였다. 하지만 그는 아무것도 모르고 설치는 신학생들의 거만한 질문이나 태도를 여유롭게 받아주셨다. 물론 신학생 중에는 변호사도 있었고 박사학위를 가진 사람들도 많았다. 그들은 그들의 분야에서 확실히 탁월했으며 사회적으로 인정받는 지위에 있는 사람들도 있었다. 나이 들어 하나님을 만나고 신학을 하기 위해 신대원신학대학원에 입학했던 것이다. 하지만 안타깝게도 그들의 사회적 지위가 그들로 하여금 거만한 태도와 자세를 갖게 하는 배경이 된다는 느낌이 들었다.

채플 교수는 그들의 질문을 따듯하게 받아주었다. 그리고 논리적이고 냉철하게 그 질문들을 응대하셨다.

이런 여유와 깊이는 어디에서 오는 걸까?

난 채플 교수님의 모습 속에서 그리스도를 발견할 수 있었다. 내가 커버넌트에서 만난 교수님들은 채플 교수와 크게 다르지 않았다. 프랜시스 쉐퍼의 동역자였던 제람 바 교수, ESV 편찬을 책임졌던 잭 콜린 교수, 삶 속에서 그리스도를 전달해주셨던 필립 더글라스 교수, 이들과의 만남은 내겐 신선한 충격이었다. 그리고 이들과 나눴던 대화, 질문, 웃음과 눈물은 내 삶의 일부가 되어 지금 나의 모습을 만들어 주었다.

커버넌트를 만난 뒤, 나는 감동이 없는 교육은 교육이 아닐 수 있다는 생각을 하게 되었다. 삶을 통해서 전달되는 교훈, 인격적 소통을 통해 전달되는 진심, 그리고 살아 움직이는 말씀이 갈급하고 무너진 내 마음에 단비처럼 뿌려졌다. 이런 단비를 나도 누군가에게 뿌려주고 싶다는 생각을 하게 됐다. 언젠가 기회가 된다면 난 교회로, 학교로, 세상으로 나갈 것이다. 그리고 내가 경험한 감동과 진리를 나누리라 다짐했다.

일본 식당에서 만난 동성애자 친구

대학원 생활을 하면서 난 일을 해야 했다.

내겐 가정이 있어 돈을 모아 가정을 돌보며 공부해야 했다. 한 편으론 행복했고 또 다른 한편으론 묵직한 책임감이 느껴졌다.

수업을 마치고 일본 식당에 가서 매일 저녁 일을 했다. 이미 웨이터 일을 많이 해보았기 때문에 어렵지 않게 일을 구할 수 있었다. 무엇보다 웨이터 일을 하면 내 능력에 따라 많은 팁을 받을 수 있었기 때문에 난 이 일을 선호했다. 예전엔 미국 레스토랑에 가서 일을 했지만 일본 식당에 가기로 결정했다.

일본 식당 Japanese Bistro라는 식당은 퓨전 일식 음식점이었다. 미국에서는 일본 음식이 꽤 고급음식으로 알려져 있다. 그래서 음식값이 비쌌지만 중상층 미국인들이 많이 찾았다.

나는 팁을 받는 웨이터였기 때문에 기본적으로 음식값이 비싼 일식당에서 일하는 것이 팁을 더 많이 받을 수 있는 방법이었다. 예상은 적중했다. 4~5시간만 일해도 하루 기본 100불 이상의 팁을 받을 수 있었다. 대학원 수업은 대부분 일찍 끝났기 때문에 늦은 오후와 저녁에 아르바이트를 할 수 있었다.

일식당에서 일하며 친구를 사귈 수 있었다.

잭Jack이란 이름을 가진 이탈리아계통의 미국아이였는데 참 성실하고 착한 아이였다. 우리 둘은 같은 시간대에 웨이터로 일했다. 그는 고등학교를 졸업하고 바로 취업을 해서 일을 하고 있었다.

잭은 웨이터 일을 오래해서 그런지 굉장히 숙련되어 있었다. 우린 웨이터 일을 위해 준비작업과 와인을 서브하는 일들을 함께 배우며 친해졌다.

그런데 어느 날 이상한 상황을 목격했다.

누군가가 항상 일찍 와서 잭을 기다렸다. 그 남자는 키가 크고 덩치가 있는 청년이었다. 이 청년은 거의 매일 잭이 끝날 시간에 맞춰 식당에 찾아왔다. 그리고 이 둘은 항상 함께 퇴근했다. 난 이 청년이 잭의 친한 친구일거라 생각했다. 하지만 나의 예상은 빗나갔다.

잭과 그 청년은 연인이었다. 둘이 껴안고 키스를 하는 모습을 목격한 난 한참 동안 아무 말도 할 수 없었다. 게이Gay가 있다는 말은 들었지만 이렇게 가까이에서 경험한 것은 처음이었다. 게다가 나와 친한 직장동료가 게이라니!

그럼에도 난 아무렇지도 않게 그 아이를 대해야만 했다. 하지만 난 패닉 상태였다.

'남자와 남자가 키스를 할 수 있구나. 아! 이럴 수가.'

난 궁금했다. 이 아이는 어떻게 해서 게이가 됐을까? 이유가 뭘까? 여자에게 버림받은 상처가 심해서 실성했을까? 어떻게 남자를 좋아하게 됐을까?

어느 날 대화를 나누기 좋은 기회가 찾아왔다. 잭과 난 단둘이 매장에서 일할 준비를 하고 있었다. 난 그가 상처를 받지 않도록 조심스럽게 질문했다.

"I don't know how to ask. But can I ask a question?"

"Yeah, man. What's up?"

난 궁금한 것은 편하게 묻는 성격이지만 이런 질문은 해도 되는지 한참이나 고민을 했던 것 같다. 아무튼 난 잭에게 물었다.

"Do you really love that guy? How did you become a gay in the first place?"

잭은 조금 당황해 하는 것 같이 보였다. 그는 직접적인 답변을 피했다. 더 이상 곤란한 질문을 할 수 없었다. 내가 느낀 건 성장기 잭의 가정에 문제가 많았던 듯 하다는 정도였다.

미국에 있으면서 한국에서는 이제 사회 문제가 되는 동성애, 인종문제, 마약문제 등에 대해서 고민할 수 있는 시간들이 많았다. 이런 문제들을 어떻게 해결해야 할까? 이런 문제들도 근본적으로는 결국 교육과 관련이 되어 있는 문제들이었다. 가정과 학교에서 성장기에 있는 아이들에게 바른 가치관 교육과 신앙교육을 했다면 이런 문제들을 막을 수 있지 않았을까? 한 아이가 성인이 되기까지 받는 교육과 경험의 중요성을 더욱 강하게 느낄 수 있었다.

잭과의 대화를 통해 잭이 제대로 된 교육을 거의 받아보지 못한 채 방치되었었다는 걸 알게 되었다. 그는 커뮤니티센터 Community center에서 공부를 하고 어린 나이부터 생활전선에 뛰어들어야만 했다. 난 그의 부모에 대해서는 알지 못한다. 그들이 마약을 했는지, 이혼을 했는지 알 수 없다. 한 가지 분명한 것은 그들은 잭이 정서적으로, 인격적으로, 육체적으로 온전하게 성장하기 전에 잭을 사회로 밀어버렸다는 사실이다. 내가 잭에게 해줄 수 있는 건 많지 않았다. 그를 돕고 싶은 마음이 있었지만 어떻게 하는 것이 그를 돕는 것인지 알지 못했다.

잭과 친해지면서 나의 무능함에 대해 더 많이 생각하게 되었다. 신학도였지만 갈급한 자에게 아무 것도 해줄 수 없었다. 그는 내게 많은 것을 물어왔지만 아무 답도 해줄 수 없었다. 하나님, 신학, 성경, 예수님… 모든 것이 어지러웠다.

나에게 잭은 그저 죄인일 뿐이었다.

소돔과 고모라가 멸망한 이유, 창조질서를 어지럽히는 죄, 돌에 맞아 죽어야 하는 인간. 난 말씀을 가지고 사람을 정죄할 능력은 있었지만 사람을 회복시키는 능력은 소유하지 못했다.

잭은 여러 번 반복해서 나에게 도움을 청해왔다. 하지만 난 잭을 교회에 데리고 갈 자신이 없었다. 그리고 잭을 피하기 시작했다.

잭이 눈치를 챘을까? 며칠 후 잭이 웨이터 일을 그만뒀다.

난 그를 더 이상 볼 수 없었다. 잭이 떠나고 많은 생각을 하게 되었다.

'뭐가 문제였을까? 난 왜 예수님처럼 죄인의 친구가 될 수 없었을까? 난 바리새인일까?'

많은 생각들이 나를 괴롭히기 시작했다. 분명한 건 난 크리스천과 친구할 능력은 있었지만 하나님을 믿지 않은 사람들과는 친해지려고도 하지 않았고 친해질 수 있는 능력도 없었다는 것이다.

난 능력이 부족했다. 능력이 없었다. 예수님은 그렇지 않았는데. 예수님은 사람과 가정과 사회를 회복시키셨는데… 예수님은 병든 자의 친구였는데… 예수님은 연약한 자를 어루만져줬는데… 난 거룩한 모양은 있었지만 거룩의 능력은 없었다. 교회 밖의 세상에서 난 한없이 무능력했다.

이런 경험을 통해 신앙의 본질에 대한 실질적인 질문을 던지기 시작했다.

'무엇이 진리일까? 교회를 다니고 말씀을 배우고 헌금을 잘 하는 것이 진리일까? 크리스천끼리 모여 그들만의 리그 속에 갇혀 세상은 악하다 비판하고 저주하고 등지는 모습이 진리일까? 아니면 세상 속에서 상처받은 사람들을 안타깝게 여기고 그들에게 손을 내미는 것이 진리일까?'

난 교회 밖 삶의 현장에서 참된 진리에 대한 고민을 할 수 있었다. 그리고 이 고민은 나를 교회 밖 세상으로 이끌었다.

시윤이와의 만남

대학원 공부와 일을 병행하며 하루 하루를 정신없이 보냈다. 그러던 어느 날 아내가 임신을 했다. 미처 생각해보지 못한 상황이었다. 물론 언젠가 아이가 생기겠지 생각은 했지만 학생의 신분으로 아빠가 될 거란 생각은 하지 못했다. 곧 아내의 배가 불러왔고 우린 부모가 될 준비를 해야 했다. 내가 아빠가 된다니… 난 아직 20대였다. 아빠가 될 수 있다는 생각을 왜 못 해봤을까?

한편으론 기대되고 기뻤지만 솔직히 두려웠다.

'내가 잘 할 수 있을까? 좋은 아빠가 될 수 있을까?'

아내 또한 임신 소식에 많이 놀랐던 것 같다. 처음에는 받아들일 수 없었던지 임신 테스트를 여러 번 반복했다. 임신 확정 판정 이후 아내는 며칠간 울며 슬퍼했던 기억이 있다.

"괜찮아! 내가 열심히 해서 어떻게 해서든, 뭘 해서든 잘 해볼게."

뭘 어떻게 해야 하는지 사실 알지 못했지만 아내가 슬퍼하는 모습이 나를 참 서글프게 했다.

미국 시각으로 2008년 7월 16일 시
윤이가 태어났다. 24시간 진통을 함께
하면서도, 탯줄을 자르면서도, 나는 아
빠가 됐다는 게 실감나지 않았다. 이
제 우린 세 식구가 되었다. 둘이 있다
가 셋이 됐는데 아이의 존재감은 생각
보다 훨씬 컸다.

2개월 된 시윤이

생활의 모든 부분이 아이 중심으로
돌아갔다. 장보는 것, 식사 준비, 여가 생활, 모든 면에서 우리는
아이중심적 사고를 하기 시작했다. 3kg 남짓 나가는 작은 아이
가 우리 삶의 모든 것이 되어버렸다. 아내의 관심은 오롯이 아이
에게 쏟아졌다. 나 역시 최대한 많은 시간을 아이와 보내고 싶어
서 집중적으로 공부하고 쏜 살 같이 집으로 돌아왔다. 아이와 짧
은 시간을 보내고 식당 일을 하러 가야 했지만 잠시 동안 아이와
함께하는 시간은 참으로 행복했다. 기타를 치며 찬양을 불러주었
다.

아이는 내 눈을 말똥말똥 바라봐 주었다. 너무나도 사랑스러운
한 생명. 나도 내가 부양해야 하는 가족이 생겼구나. 이 어린 생
명이 내게 맡겨졌구나.

아이가 태어난 지 한 달쯤 되었을까? 아내의 가슴에서 멍울이

발견됐다. 뭔가가 잘못되었음을 우린 느낄 수 있었다. 병원비와 의료보험 문제 때문에 아내는 한국에 가서 치료를 받기로 결정 했다. 우린 결정을 내리자마자 신속하게 귀국준비를 했고 아내와 아이는 한국행 비행기에 올랐다. 아내는 갑상선 암 진단을 받았 고 한국에서 아이를 돌보며 치료를 병행해야 했다.

미국에 혼자 남겨진 나. 대학원 과정을 그만둘 거란 생각은 단 한번도 해보지 못했다. 졸업을 하고 무엇을 할지 결정하지는 못 했지만 졸업을 하지 않을 거란 생각은 못해봤다. 그럼에도 내가 학교를 그만두는 결정을 하는데 오랜 시간이 걸리진 않았다.

아내와 아이가 미친 듯이 보고 싶었다. 아내가 아프고 아이가 어린데 어떻게 책만 볼 수 있겠는가? 그만하자! 할 만큼 했다. 사 회로 나가자. 일단 돈을 벌자. 가족을 부양해야지. 그게 먼저지. 앞뒤 따지지 않고 자퇴를 결정했다. 기말고사도 포기해 버렸다.

'커버넌트를 떠나는구나!'

다른 건 아쉽지 않았다. 다만 커버넌트를 떠난다고 생각하니 눈물이 났다. 세상에 이런 학교를 또 만날 수 있을까? 참 그리울 것 같았다. Good-bye, Covenant!

TWENTY-EIGHT

TWENTY-EIGHT

세상속으로

"The most difficult thing is the decision to act,
the rest is merely tenacity."
- Amelia Earhart

서울로!

세인트루이스에서의 마지막 밤을 보내고 한국으로 향했다.
2008년 12월 유독 춥던 날, 인천국제공항에 도착했다!

아내와 아이는 이미 귀국해 광주에서 지내고 있었다. 태어난
지 5개월이 채 되지 않은 아이 그리고 아이를 키우며 치료를 병
행해야했던 사랑하는 아내. 가족의 품으로 가자. 광주에 도착했
다. 그리고 아이와 아내를 만났다. 기쁨도 잠시, 난 무엇이든지
해서 가족을 돌봐야겠다고 생각했다.

전라도 광주에서 내가 할 수 있는 일은 영어학원 강사. 그 외
내가 할 수 있는 일은 많지 않았다.

서울로 가자! 물론 아는 사람은 아무도 없었지만 서울에 가면 더 많은 기회를 얻을 수 있을 거라 생각했다.

아내에게 서울에 가서 돈을 벌겠다고 말했다.

아내는 내가 방학 동안 한국에 잠시 방문한 것이라 생각했다. 당황스러웠겠지만 아내는 나의 의견을 따라주었다. 공부는 언제든지 다시 할 수 있지만 지금 가족에겐 내가 필요했다.

서울에 올라올 때 내가 가진 돈은 40만원!

버스비용을 지불하고 고시원 한 달 비용을 내고 나니 빈털터리 신세가 되었다. 내가 자리잡은 곳 신촌. 영어를 배우려는 대상자를 찾아서 숙식을 해결하고, 앞으로의 계획을 세우고 추진할 수 있는 곳, 대학들이 모여 있는 신촌에 자리를 잡기로 했다. 매일 아침 고시원에서 제공되는 라면을 끓여먹었다. 난 뭘 할 수 있을까?

연세대, 고려대 및 여러 대학 웹사이트에 영어를 가르친다는 홍보 글을 올렸다. 200명이 넘는 학생들이 몰렸다. 나는 영어공부 신청서를 읽어보고 120명을 추려서 영어를 가르치기 시작했다. 한 명당 월 8만원을 받았기 때문에 월 1,000만원 가까운 수입이었다. 그 중 600만원은 장소 비, 교재비 그 외 기타 경비로 사용했다.

3달쯤 지났을까? 난 서울 신림동에 작은 월세방 하나를 얻을 수 있었다. 보증금 500만원에 월세 40만 원짜리이다. 10평이 안 되는 작은 집이었다.

아내와 아이를 서울로 데려왔다. 그리고 우리 가족은 그렇게 함께 생활하게 되었다. 우리들의 작은 보금자리. 물론 반지하라서 통풍과 환기의 문제는 있었지만 우린 함께하는 것만으로도 행복했다. 매일 저녁 집에 돌아오면 아내와 아이가 나를 반겨주었다.

가족이 서울로 올라오면서 영어를 가르치는 것 말고 전문직을 얻기로 마음먹었다. 그래서 인터넷에서 직장을 살펴보았고 링구아포럼이라는 영어교재를 만드는 회사에 지원서를 넣었다. 며칠이 지나서 인터뷰에 오라는 연락을 받았다. 그리고 난 연구원으로 회사에 입사했다. 안정적인 직업 그리고 가족과 함께할 수 있는 주말이 생겼다. 회사를 다니는 동안 단 한 번도 야근을 한 기억이 없다. 물론 대부분의 직원들이 야근을 했지만 난 야근을 하고 싶지 않았다. 내겐 가족과 함께 하는 시간이 더 중요했기 때문이다.

감사하게도 내 상사들은 칼퇴근하는 나를 이상하게 생각하지 않았다. 미국에서 오랫동안 생활한 나를 특별히 대우해준 부분도 있을 것이고 근무시간 동안 열정적으로 일하는 나의 모습을 보면서 내 전문성을 인정해줬을 수도 있었으리라 생각한다.

아무튼 난 열정적으로 책을 썼고 1년을 근무하는 동안 토플 스피킹 영역 2권, 비즈니스 영역의 소책자 2~3권을 집필했다.

능력을 인정받은 결과일까? 재계약을 하면서 나는 1년 만에 진급이 되었다. 그리고 비즈니스 영어 영역에서 핵심 연구원으로 일하게 되었다. 일년 동안 난 어떻게 책을 만들고 구성하는지 체계적으로 배울 수 있었다.

그 즈음, 회사를 떠나야 한다는 생각을 하고 있었다.

내 성격과 연구 일은 맞지 않았다. 자리에 앉아서 자료를 분석하고 책을 쓰는 일이 답답하게 느껴졌고 반복됐던 업무가 내겐 힘들었다. 난 사람들과 소통하고 이야기하고 자유로운 분위기에서 일하고 싶었다. 하루하루 시간이 지남에 따라, 회사에서 나가고 싶다는 생각을 더 많이 하게 되었다.

어쩌면 아무런 대책도 없이 안정적인 직장을 버리는 것은 아닌가 걱정도 됐지만 지금까지 단 한번도 단지 안정적인 삶을 추구해본적이 없었다. 가족을 부양해야 했지만 난 젊었고 식당에서 일을 해서라도 가족은 먹여 살릴 수 있을 거란 생각을 했다. 두려움 때문에 내게 맞지 않은 일을 하며 안주하는 삶을 사는 것은 옳은 결정이 아니었다.

난 대표님과 대화를 진행했고 사표를 냈다. 설득에 설득이 거듭되어 회사를 그만두는 것이 쉽지는 않았다. 하지만 내 삶은 내가 책임지는 것이기에 누군가에게 기대고 싶지 않았다. 그 어떤 약속과 포상도 나의 마음을 움직일 수는 없었다. 결정하기까지는 거듭 생각했지만 일단 결정을 내리고는 난 흔들림 없이 퇴사를 강행했다.

퇴사 후, 집에서 지내면서 빈둥거리기 멋쩍어서 근처 서울대 도서관에 잠시 나갔다. 미래에 대해서 고민하다가 우연히 국제학교에 대해서 알게 되었다.

'학교! 그래, 학교에 가는 거야. 학교에 가면 내가 할 수 있는 일이 있을 거야. 나의 심장을 움직이는… 나에게 의미를 부여할 수 있는 '그 무엇'을 배울 수 있지 않을까?'

인터넷 사이트를 뒤지며 찾아낸 국제학교에 입사지원서를 넣었다. 그리고 곧 인터뷰를 볼 수 있었다.

난 부학장으로 학교에 취직이 되었다.

좋은 조건, 좋은 만남, 좋은 기회. 모든 것이 내가 바라던 그대로였다. 그래. 이제부터 내가 할 일은 내 젊음과 열정을 불태우는 것이다. 최선을 다해서 배우고 배우고 또 배우자!

TWENTY-NINE

TWENTY-NINE

학교

"The only way to do great work is to love what you do."
- Steve Jobs

학교를 시작하다

학교에 들어간 난 아이들과 함께하는 것이 행복했다.

학교 일은 지금까지 해왔던 일과는 성향이 달랐다. 내 열정뿐만 아니라 마음과 사랑을 쏟을 수 있는 일을 발견한 것이다.

여러 배경과 이야기를 소유한 아이들. 전국에서 모인 다양한 아이들. 이 아이들은 하나같이 상처를 가지고 있었다. 난 이들과 이야기를 나누며 친해질 수 있었고 이들에게 영향력을 끼칠 수 있었다. 밤에도 남아 아이들을 가르치고 상담하고 매일 저녁 늦게까지 아이들과 함께했다. 그러나 내가 느꼈던 행복도 잠시. 난 이 학교를 떠나야 했다.

너무 행복했지만 포기할 수 밖에 없었던 가장 큰 이유는 내가 부족했기 때문이라고 생각한다. 최선을 다했지만 난 운영자의 믿음을 얻어낼 수 없었다.

　진심과 전력을 다 쏟았음에도 불구하고 실패한 나는 낙담했고 미국으로 돌아가야 할까 고민도 했다. 그때, 몇몇의 아이들과 학부모들이 나를 찾아와서 도움을 청했다.

　지금도 내 머릿속에 남아있는 세 명의 아이들! 나는 그들이 미국검정고시를 치를 수 있도록 도와주기로 했다. 이 아이들만 대학에 보내고 다시 미국으로 돌아가리라!

　2010년 10월 17일, 세 명의 학생과 첫 수업을 시작했다. 아파트 거실에서 우린 함께 공부했다. 힘든 점도 많았지만 아이들과 함께하는 것이 내겐 행복이었다. 하루 하루 최선을 다해서 아이들에게 집중했다. 어디서 소문을 들었는지 아이들이 하나 둘씩 모여들기 시작했다.

학교를 시작하다

　아이들이 9명, 15명, 그리고 20명으로 늘어났다. 난 아이들을 교육할 수 있는 제대로 된 환경을 조성해야 했다. 혼자서 가르치는 것에도 한계를 느꼈다.

무엇을 어떻게 해야 할까? 매일 밤 학교에 대한 시스템을 조사하기 시작했고 국제학교 인가를 받을 수 있는 방법을 찾았다.

2012년 가을, 분당 정자동에 상가를 빌려 학교 시스템을 구축했다. 본격적으로 교사를 고용하고 학교를 운영하기 시작했다.

2013년 가을, 용인 수지에 단독 캠퍼스를 오픈하면서 학생수가 두 배로 늘었다. 2014년 가을, 또 다시 학생수가 두 배로 늘었다. 폭발적인 성장을 거듭하면서 난 교육에 대한 가치관과 방향성을 정립해야 했고 좀 더 구체적이고 방향이 잡힌 교육 커리큘럼을 개발해야 했다.

THIRTY-THREE

페이스튼 기독국제학교

---

*"Learning is the only thing the mind never exhausts,
never fears, and never regrets."*
- Leonardo da Vinci

참교육을 고민하다!

학교 설립? 글쎄, 난 한번도 이렇게 어린 나이에 학교를 세울수 있을 거란 생각은 해보지 못했다. 언젠가 재정적으로 여력이되고 많은 경험을 쌓은 후, 장년의 시기를 넘어 은퇴할 때 즈음 '미국의 토마스제퍼슨Thomas Jefferson 같은 사립학교를 설립해서 한국 사회에 공헌할 수 있었으면 좋겠다'는 생각은 해보았지만 29의 나이에 3명의 학생과 시작한 모임이 학교로 성장할 줄은 상상도 할 수 없었다.

미국에서 신학대학원을 다닐 때 도날드 거뜨리Donald Guthrie교수의 기독교 교육 강좌를 수강했다. 많은 것들을 배웠지만 특히 내 머릿속에 남은 교훈은 '교육은 프로그램으로 하는 것이 아니라 사람이 하는 것'이었다. 교수님께서는 여러 번 강조해서 말씀해 주셨다.

"좋은 프로그램을 가져다가 사용할 생각을 하지 말고 너 자신이 최후에 남는 최고의 커리큘럼이 되어야 한다."

교수님의 말씀이 아직도 귓가에 쟁쟁하게 울린다. 그 당시엔 교수님의 말씀이 마음에 와 닿지 않았다. 그러나 학교를 운영하면서 난 교수님의 가르침을 몸소 깨달을 수 있었다. 아이들과 만나면서 참교육을 하기 위해서는 내 자신을 던져야 함을 뼈저리게 느끼고 있다. 시간, 열정, 마음, 정성, 모든 것을 쏟아도 부족한 것이 교육이다. 왜냐하면 교육은 말로 할 수 있는 것이 아니기 때문이다. 삶으로 보여줄 수 없는 교육은 단지 껍데기에 불과하다는 것을 난 지금도 현장에서 느끼고 있다.

학교를 운영하면서 내가 가장 많이 던진 질문은 '무엇이 참교육일까?'이다. 한국에서 학교를 다닐 때는 한 번도 교육에 대해 의문을 가져본 적이 없다. 내게 학교란 그저 공부하는 곳이었다. '왜'라는 질문은 해보지 못했다. 순종을 강요받았고 억압 속에서 공부하는 것이 당연한 것이라 생각했다. 그러다가 미국에 가서 새로운 학교들을 경험하며 질문이 던지기 시작했다. 그리고 교육에 대한 내 생각이 바뀌기 시작했다.

무엇보다 커버넌트에서 생활을 하면서 난 교육을 통해 사람이 바뀔 수 있다는 믿음을 갖게 되었다. 내가 정의한 참교육은 가치관의 변화를 통해 삶의 변화를 이끌어내는 것이다.

삶의 변화는 강요한다고 일어나는 것이 아니다. 아이가 어릴 때는 억압과 강요로 책상에 앉힐 수 있지만, 성장할수록 대부분의 아이들은 부모의 뜻대로 움직이지 않는다.

학교에서 아이들과 소통하며 내가 할 수 있었던 가장 큰 역할은 아이들과 부모 사이의 매개체 역할을 하는 것이었다.

아이들이 숨을 쉴 수 있게 해주는 것, 아이들이 생각할 수 있는 기회를 갖게 해주는 것이 나는 무엇보다 중요하다고 믿는다.

아무 생각 없이 공부만 열심히 한다고 해서, 좋은 대학에 합격한다고 해서 아이가 성공의 궤도를 달리는 것은 아니다. 방향을 설정하고 무엇을 해야 할지 고민하는 것이 중요하다. 난 모든 교육의 시작과 끝은 질문을 던지고 답을 하는 것이라고 생각한다. 좋은 질문을 할 수 있는 사람을 키우는 것이 교육의 꽃이자 핵심이다. 왜냐하면 질문을 던질 수 있는 사람이 사고하는 사람이고, 사고하는 사람만이 답을 찾는 과정 속에서 내적 변화와 성장을 경험할 수 있기 때문이다.

아파트 베란다에서

"2010년 10월 17일!"

아이들과 첫 수업을 진행한 날이자 「페이스튼 기독국제학교」의 개교기념일이기도 하다.

그날 우리에겐 준비된 칠판이 없었다. 나는 이날 문방구에 가서 보드마커Board marker를 구입하고 베란다 유리문을 칠판 삼아 수업을 시작했다. 모든 것이 새롭고 즐거웠다.

'교육이라는 것! 꼭 교실이 있어야 할까? 칠판이 있어야 할까? 선생님과 학생, 꼭 주입식으로 교육을 해야만 할까?'

기존 틀을 벗어나 새로운 상황에서 수업을 하다 보니 이런 저런 생각이 많아졌다. 아이들은 왜 나를 따라 왔을까? 이 아이들이 나를 찾아온 이유는 나를 신뢰했기 때문이었다. 아이들은 나를 "대니쌤!"이라고 불렀다.

나는 이 아이들의 교사였다. 나는 아이들의 이야기를 경청하고 늘 함께 했다. 어쩌면 난 아이들에게 선생님이라기보다는 삼촌과도 같은 존재이지 않았을까라는 생각을 종종 하곤 한다.

"선생님!"

대체 선생님은 어떤 사람일까? 영어와 수학을 잘 가르치는 사람이 선생님일까? 교과목을 잘 가르치는 것도 중요하다고 생각한다. 하지만 이 아이들이 학교를 포기하고 나를 선택했을 때는 교과목 그 이상의 무엇인가를 기대했을 거란 생각이 든다.

내가 학교에서 아이들에게 인정을 받을 수 있었던 이유는 단순히 영어를 잘 가르쳤기 때문만은 아니었을 것이다. 예전 학교에서 난 시간이 날 때마다 아이들과 대화를 나눴다. 꿈에 대해서 이야기를 하기도 하고 늦은 밤까지 연애 이야기, 대학 이야기, 그리고 때로는 슬프고 고독한 삶의 이야기들을 나누곤 했다.

어쩌면 아이들에게는 멘토와 같은 존재가 필요하지 않았을까? 영어, 수학, 과학, 역사... 베란다 유리창을 가득 메운 딱딱한 수업의 흔적들... 책상 위에 수북이 쌓인 책들을 보고 있노라니 숨이 막혔다.

시간이 얼마나 지났을까?

난 아이들이 공부를 해야 하는 필요성을 알지 못하고 있음을 느낄 수 있었다. 아이들에게 지식을 전달하기 전에 단 한번이라도 공부를 해야

스키장에서

하는 이유에 대해서 고민할 수 있는 시간을 주면 어떨까? 여유를 선물하면 어떨까?

"애들아! 책 덮자. 우리 바람이나 쐬고 올까?"

아이들과 함께 놀이공원에 가서 바이킹을 타고 청룡열차를 탔다. 매장에 뛰어들어가 햄버거를 시켜먹고 아이스크림을 나눠 먹었다. 하루 종일 시시덕거리며 즐거운 대화를 이어갔다.

새파란 가을 하늘에 심취한 아이들! 수북이 쌓인 낙엽을 사뿐히 즈려 밟으며, 상쾌한 가을 바람을 온몸으로 느끼며, 우린 행복했다. 하루, 하루... 놀고 또 놀고... 어느 날 한 아이가 물었다.

"선생님... 음... 우리 공부는 안 해요?"

너무 놀기만 하는 것이 두려웠을까?

공부에는 전혀 관심이 없을 것만 같았는데. 아이들의 전체적인 분위기가 공부를 조금씩은 하고 싶다는 분위기였다. 마침내 기다리던 순간이 온 것이다. 공부에 관심을 갖는 이 아이들에게 공부가 얼마나 재미있는 것인지 알려주고 싶었다. 청룡열차보다 노래방에서 대중가요를 부르는 것보다 배우는 즐거움이 얼마나 클 수 있는지를 말이다.

문법, 회화, 과학, 수학 수업... 하루에 4시간만 공부를 하자. 평소 공부를 많이 하지 않은 아이들을 하루 종일 공부하는 것은 큰 의미가 없어 보였다. 그래서 4시간 정도 공부를 하기로 하고 오후엔 운동을 했다. 가끔씩은 영화를 보기도 하고 보드게임을 하기도 했다. 다만 나에게 주어진 이 4시간의 수업을 위해 최선을 다해서 준비하고 가르치기로 마음먹었다.

영문법이 단순히 암기로 진행되는 것이 아니라 이해를 바탕으로 말하기와 쓰기에 활용할 수 있도록 가르쳤다. 감사하게도 수업만 들으면 졸던 아이들이 눈에 띄게 집중하기 시작했다.

태어나서 처음으로 성취감이란 걸 느꼈다고 뿌듯해 하던 한 아이의 모습이 아직도 내 기억 속에 남아 있다. 나는 작은 칭찬과 격려를 아끼지 않았다.

"이 정도면 미국의 명문대도 입학할 수 있겠는걸. 잘했어. 멋있다!"

아이들의 눈빛이 달라지기 시작했다. 시간이 지남에 따라 아이들은 공부에 대한 긍정적인 인식을 갖게 되었고 '할 수 있다'라는 자신감도 얻게 되었다.

상가 학원으로!

아파트에서 건장한 사내 아이들과 24시간 생활하며 공부하는 것이 결코 쉬운 일은 아니었다. 숙소와 학업공간을 구분해줘야겠다는 생각을 하게 되었다. 무엇보다 좀 더 자유롭게 공부할 수 있는 공간의 필요성을 느끼게 되면서 나는 숙소 근처 상가 건물에 학원 자리를 얻었다. 20평 남짓 작은 학원이었지만 아이들과 함께할 수 있는 우리들만의 공간이 생긴 것에 감사했다.

이즈음, 처음 3명으로 시작됐던 우리 모임이 9명으로 늘었다. 교실 3개, 사무실 1개! 난 모든 아이가 실력별로 수업을 받을 수 있도록 3명씩 3반을 구성했다. 그리고 수준별 수업을 강행했다. 기본 과정 수업, 실기, 자기주도학습, 에세이, 단어 공부, 영화 감상, 독서, 토론 등 아이들의 스케줄을 체계화하고 매일 목표를 설정하고 우리가 할 수 있는 만큼만 공부를 했다. 그리고 우리의 모든 수업은 오후 3시 전에 끝내도록 했다. 3시 이후 시간엔 체스, 농구, 프리즈비, 보드게임, 장기, 바둑 등 건전한 놀이문화를 만들어 시간을 보냈다.

밤엔 미국대학입시를 준비하는 아이들을 위해서 저녁 7시부터 밤 10시까지 미국 수능수업과 토플수업을 했다. 이 시간 동안 저학년 아이들은 책을 읽거나 숙제를 했다. 아이들은 더 이상 공부를 크게 부담스러워 하지 않았다. 목표를 설정하고 새로운 삶을 사는 아이들의 표정은 밝아지고 행복해져 갔다. 아이들은 노는 것 못지않게 배움의 즐거움도 삶을 행복하게 해줄 수 있다는 것을 조금씩 느끼게 되었다.

우린 가끔씩 여행을 떠나기도 하고 노래방에 가서 춤을 추기도 했다. 볼링장에 가서 볼링 공을 던지며 스트레스를 날려 버렸다. 차츰 아이들의 표정이 밝아지기 시작했고 무뚝뚝했던 아이들이 먼저 말을 걸기도 하고 농담을 하기도 했다. 얼마 지나지 않아 아이들은 웃음을 되찾았다.

　매주 아이들은 금요일 오후에 집에 갔다가 주일 저녁에 숙소로 복귀했다. 그리고 월요일에 수업을 재개했다. 집에 갔다가 돌아온 아이들은 얼마나 열심히 놀았던지 월요일에 공부하는 것을 무척이나 힘들어 했다. 아침부터 조는 아이도 많았고 수업에 전혀 집중하지 못했다.

　공부하는데 있어서 분위기는 아주 중요했다. 무엇보다 교사는 나 한 명뿐이었는데 분위기를 잡지 못하면 공부를 하는데 있어서 치명적일 수 있었다. 그동안 공부에 대한 좋은 이미지와 인식을 심어줬는데 매주 월요일 아이들이 흐트러지는 모습을 보면서 난 무엇인가 중요한 것이 빠져있다는 생각이 들었다.

　'뭘 해야 할까? 무엇으로 아이들을 도와줄 수 있을까?'

　점심을 먹는 동안 잠시 고민에 빠졌다.

　'YES! 맞아!'

　잊고 있어선 기억이 돌아왔다. 나의 심장을 뛰게 했던 책들을 소개해주자! 분명, 이 아이들에게도 도움이 될 거란 확신이 들었다.

　아이들과 토의를 거쳐 우리는 매주 월요일 오전에는 교보문고에 가서 책을 보기로 결정했다. 난 아이들에게 약 3시간 동안 자신의 관심 분야 책을 마음껏 골라서 읽으라고 자유 독서 시간을 허락해줬다. 그리고 우리는 함께 책을 읽었다. 돌아오는 길에 난 홍정욱의 '7막 7장', 고승덕의 '포기하지 않으면 불가능은 없다', 장승수의 '공부가 가장 쉬웠어요' 등 이제 공부를 시작하는 아이들에게 도전이 되고 격려가 되는 책들을 선정해서 구입했다.

그날 저녁, 아이들에게 책을 한 권씩 꺼내놓고 책에 대한 설명을 시작했다. 이 책이 어떤 책인지, 이 책이 나의 생각을 어떻게 바꾸어 놓았는지, 그리고 이 책이 내 삶에 어떤 영향을 끼쳤는지 설명하기가 무섭게 아이들은 내가 설명하는 책을 가장 먼저 읽어보고 싶다고 손을 들었다. 이걸로 됐다! 아이들은 곧 책 속으로 빠져들기 시작했다. 그리고 아이들은 한번 더 바뀌기 시작했다.

'아, 사람이 이렇게도 바뀔 수 있구나!'

이 아이들은 더 이상 내가 처음에 만났던 아이들이 아니었다. 그 어떤 것에도 관심이 없고, 묻는 질문에 대답도 없던, 그저 핸드폰만 들여다보던, 삶을 지루해 해고 귀찮아하던 처음의 아이들이 아니었다. 무엇보다 아이들의 눈빛이 달라졌다. 이들은 수업을 경청하고 삶에 대해서 진지하게 고민하기 시작했다.

이즈음 내겐 새로운 걱정거리가 하나 생겼다. 그것은 점점 많아지고 있는 학생수였다. 행복한 고민이었지만 몰려드는 아이들이 내겐 무거운 중압감이기도 했다. 그리고 이제 나 혼자 모든 것을 할 수는 없었다. 나 혼자 모든 아이들을 가르치는 것보다 정식으로 미국 국제학교 인가를 받고 교사를 채용해서 체계적으로 교육을 하는 것이 아이들에게 유익할 거란 생각이 들었다.

또한 교육 과정이 조금씩 높아지자 혼자 영어, 수학, 과학 과정을 전부 다 가르치는 데 어려움이 생겼다. 물론 공부하면서 아이들을 가르치면 되겠지만 좀 더 전문성 있는 교사가 아이들을 가르치면 좋을거라 생각했다. 또한 우리 아이들이 더 많은 친구들과 토론을 하고 체육도 하며 행복한 학교 생활을 영위할 수 있도록 해주고 싶다는 생각을 하게 되었다.

또 미국검정고시GED를 보게 하고 대학에 보내는 것도 한계가 있었다. 미국의 상위권 대학들은 검정고시를 다소 낮게 평가하거나 인정하지 않는다는 것도 알게 되었다. 얼마 동안의 고민 끝에 난 해외 대학에 진학할 수 있는 인가를 받기로 결정했고 학교 시스템을 구축하기로 결정했다.

리허설 같은 입학설명회!

2012년 6월, 분당 정자동으로 학교를 이전했다. 예수님께서는 새 포도주는 새 부대에 담아야 한다고 말씀하셨다.

약 100평의 공간을 리모델링Remodeling하고 학교 시설을 완비했다. 처가에서 빌린 돈으로 자본금 1억을 마련하여 보증금을 내고 월세 700만원을 내는 장소를 임대했다.

대체 어디서 이런 용기가 나왔을까? 당시 나로서는 어마어마한 결정이었다. 하지만 학생들을 위해서는 필요한 결정이기도 했다. 난 단지 좋은 교사를 채용하고 교육시설을 잘 정비해 아이들에게 제대로 된 수업을 제공하고 싶다는 생각뿐이었다. 이 생각을 행동으로 옮기면서 일이 커지기 시작했다.

새로운 공간이 준비될 즈음 입학설명회를 열었다. 많은 사람들을 만나 나의 교육관과 가치관을 나누고 싶었다.

판교 한 외곽 교회에서의 첫 입학설명회!

너무 많은 사람들이 입학설명회에 참석하면 어쩌지? 우리는 아무리 적어도 50~100명은 설명회에 참석할 거라 예상했다. 음료와 다과를 준비하고 입학전형 자료를 준비했다.

What a surprise!

이날 설명회에 참석한 사람은 두 명이었다. 학교에 전혀 관심이 없던 한 여성분 그리고 손자를 위해 정보를 얻으러 오신 어르신 한 분!

큰 교회 강당에 두 분을 앉혀 놓고 입학설명회를 진행하게 된 것이다. 입술이 마르고 혀가 꼬여갔다. 최선을 다해서 준비한 입학설명회였다. 아무 관심도 없이 잠시 들렀던 두 분은 우리 눈치를 보며 미안해서 나가지도 못하고 그렇다고 편하게 앉아서 설명을 들을 수도 없는 진퇴양난의 난처한 상황이 되었다. 나 또한 전혀 예상치 못한 결과에 어찌할 바를 몰랐다. 최선을 다해서 홍보하고 학교를 알렸는데 현실은 냉정했다. 아무도 우리에 대해서 관심이 없었다. 아프지만 우리는 이 사실을 받아들여야만 했다.

그럼에도 포기하지 않고 계속해서 입학설명회 일정을 잡고 수많은 교회에 공문을 보내고 학교에 대해 알렸다.

"분당에 새로 이전한 국제학교입니다. 우리는 최선을 다해서 아이들을 교육할 것입니다. 귀하의 교회에서 입학설명회를 열 수 있는 기회를 허락해주시면 감사하겠습니다."

진심을 담아 장문의 글을 썼다. 그리고 여러 지역의 교회에 공문을 보냈다. 하지만 돌아온 결과는 나로 하여금 다시 한번 냉혹한 현실을 직시하게 했다.

"우리 교회에서는 학교 홍보를 하실 수 없습니다!"

"우리는 외부 기관에게 공간을 빌려주지 않습니다!"

"이미 일정이 다 짜여 있어서 불가합니다!"

"우리 교회와 연관된 기독학교 외에는 입학설명회를 하실 수 없습니다!"

그 어디에서도 학교를 알릴 수 있는 곳은 없었다. 아무도 없는 사막에서 혼자 외치고 있는 것만 같았다.

2012년 8월!

막판 무더위가 한참 기승을 부릴 즈음 입학식이 일주일도 채 남지 않은 상황이었다. 학교 전단지를 보고 찾아온 사람들이 밖에서 둘러보다가 그냥 가버렸다.

"여기가 국제학교인가요?"

"에이, 설마요! 여기는 사무실이고 학교건물은 다른 곳에 있는 건가요?"

그나마 학교에 관심이 있어서 찾아왔던 분들도 잠시 시설을 살펴보고는 황당해하는 표정으로 돌아가셨다.

어떻게 해야 할까? 이제 곧 입학식인데...

돈을 빌려 공사하고 교육시설을 완비해 놓았는데 학교에 들어올 학생들은 많지 않았다. 그리고 입학식 하루 전, 전화 한 통이 걸려왔다.

"다니엘 선생님! 죄송한데 저희 아이 입학을 보류해야 할 것 같아요. 저희 남편은 도저히 아이를 일반학교를 그만두게 하고 그 상가건물에 보낼 수가 없대요. 담임목사님 권유 때문에, 아이 신앙교육도 있고 해서 한번 고려해봤는데, 아이 인생이 달린 문제라서 쉽지 않네요."

그리고 또 전화벨이 울렸다.

"따르르르르릉!"

전화벨이 울릴 때마다 심장이 내려앉는 기분이 들었다. 이때 받은 충격이 너무 컸을까? 이때부터 난 핸드폰을 무음으로 바꿔 놓는 버릇이 생겼다. 전화를 받기가 무섭게 학부모님들은 마치 짜기라도 한 듯 입학을 포기하겠다고 전해왔다. 예정되었던 신입생 7명이 입학을 포기했다.

이럴 때 하늘이 무너진다는 말을 쓰는구나! 지금까지 내가 할 수 있는 모든 노력을 다했지만 결과는 참담했다. 절대 긍정의 삶을 자부했던 나. 이때 난 '7층 건물에서 뛰어내리면 어떻게 될까' 란 어처구니 없는 생각이 스쳐갈 정도로 막막했다.

'아, 나도 별 수 없구나. 극한 상황이 되면 사람은 누구나 이런 생각을 할 수 있구나!'

어떻게 해야 할까?

교실 뒤에 만들어 놓은 작은 채플실로 들어갔다. 그리고 기도를 했다기 보단 그저 눈을 감았다는 표현이 더 정확하리라!

'하나님, 자신 없습니다. 전 아무것도 할 수 없습니다. 뭘 어떻게 해야 할까요? 지금까지 하나님께서 인도해 주셨다고 생각했는데 혹시 제 욕심은 아니었을까요? 아이들을 동기부여하고 삶을 나누고 함께 울고 웃으며 생활하고 싶은 제 진심을 하나님께

서는 아시죠?'

눈물을 멈출 수 없었다. 한참 동안 하나님 앞에서 울고 나니 마음은 평안해졌다. 변한 것은 아무것도 없었지만 문득 이런 생각이 들었다.

'내가 왜 이렇게 흔들리고 있지? 대체 내가 왜 사람들을 의지하고 있지?'

학생들이 모이지 않는 것은 어찌 보면 당연한 것이다. 이 학교가 잘 준비되고 좋은 학교로 인정을 받으면 내가 오지 말라고 말려도 올 텐데… 다만 지금은 때가 아닐 뿐인데… 아직 내 진정성이 전달되지 않았고 내가 추구하는 교육을 실현해보지 못했다. 사람들의 냉담한 반응은 너무나도 당연한 것이었다.

다만 내가 자만하고 무지했을 뿐!

일개 식당도 열자마자 사람이 몰리는 경우는 흔치 않다. 최선을 다해서 맛있는 음식을 만들어 손님들을 대접하면 음식을 맛본 사람들이 입소문을 낼 것이고 식당은 자연스럽게 '맛집'으로 알려질 것이다. 그리고 자연스럽게 사람들로 북적거리게 되는 것이 순리 아닌가!

난 교육자다. 상황이 어떻든, 사람들의 반응이 어떻든, 내가 하고 있는 일은 옳은 일이다. 아이들에게 집중하자! 지금 나와 함께 있는 아이들에게 집중하자! 이들은 나를 믿고 신뢰하는 학생들이다. 이들에게 내가 할 수 있는 최상의 교육을 제공하자! 시간이 되면 나를 필요로 하는 사람들이 직접 찾아오리라!

공부! 왜?

아이들과 조금 더 긴밀한 대화를 나누고 깊은 관계를 맺으면서 아이들의 문제점이 하나둘씩 보이기 시작했다. 솔직히 이 당시 내가 만났던 그리고 새롭게 만난 대부분의 아이들이 공부를 좋아하지 않는다는 걸 알았다. 공부를 꽤 잘하는 아이들조차도 공부에 대한 인식이 좋지 않았다. 대체 왜 아이들은 공부를 싫어할까? 내 자신이 공부와 거리가 멀었던 어린 시절의 경험이 있고, 스스로 노력해서 실력을 쌓은 경험이 있기 때문에 나는 그 이유와 방법을 잘 알고 있다.

내가 내린 결론은 간단했다. 아이들은 어른들의 강요에 의해 어렸을 때부터 공부를 억지로 했어야 했기 때문에 공부를 싫어했다. 그 어른이 부모이든 교사이든, 그들은 아이들에게 공부에 대한 부정적인 인식을 심어주었고 공부를 적어도 좋은 대학에 들어갈 때까지는 억지로라도, 싫어하더라고 무조건 해야 하는 수련의 과정 같은 것으로 만들어 버렸다. 그래서 공부를 좋아하던 아이들조차도 공부에 대한 인식이 나빠지게 된 것이다.

학교를 운영하면서 난 한번도 아이들에게 공부를 하라고 이야기해 본 적이 없다. 내가 정의하는 공부는 배움이고 배움은 스스로의 필요에 의해서 진행되어야 한다는 믿음이 있다. 배움이 얼마나 유익한 것인지 깨닫기 전에 공부에 매달리는 것은 유익하지 않다. 왜냐하면 배움 자체가 단기전이 아니라 장기전이기 때문에 순식간에 해치울 수 있는 과정이 아니기 때문이다.

페이스튼에는 밤 늦게까지 남아서 공부를 하는 아이들이 많이 있다. 누구도 강요하지 않지만 배움에 대한 열정이 살아있다.

그 이유가 뭘까? 이유는 아직 공부를 하는 습관이나 훈련이 되지 않은 아이들과는 소통을 통해 아이들의 마음을 읽어주고 공부하는 습관을 습득할 수 있도록 돕는 작업을 먼저하기 때문이다. 교사가 옆에 함께 있어주는 것만으로도 아이들은 공부하는 습관을 가질 수 있다. 그리고 시간이 지남에 따라 공부를 하며 성취감을 맛본 아이들은 공부를 즐겁게 할 수 있는 선순환 구조로 이어진다.

부모가 아이들을 자기 뜻대로 하지 않겠다는 것만 다짐해도 교육의 반은 성공이라고 할 수 있다. 사실 이 부분이 아이러니 Irony이기도 하다. 부모의 입장에서는 아이가 잘 되라고 공부를 시키는 것이다. 부모는 '아이가 좋은 대학에 입학해서 번듯한 직장을 가져야 독립해서 행복한 가정을 이루고 잘 살아갈 수 있을 텐데…'라는 생각으로 없는 돈, 있는 돈을 다 끌어다가 무리가 되는 사교육비를 충당해가면서도 아이 교육에 매진한다. 하지만 이것은 잘못된 헌신이며 잘못된 사랑이다.

사랑은 바른 관계 안에서만 유익할 수 있다. 예를 들자면 김정일과 기쁨조의 관계는 사랑이 아니다. 가장 큰 이유는 기쁨조에게는 김정일을 거부할 수 있는 자유가 허락되지 않았기 때문이다. 진정한 사랑은 바른 인격적인 관계에서 선택할 수 있는 자유가 허락되었을 때만 존재할 수 있다.

안타깝게도 한국 부모의 자녀에 대한 사랑은 사랑이 아닌 경우가 많은 것이 사실이다. 왜냐하면 자녀에게는 선택의 자유가 주어지지 않기 때문이다. 부모는 적극적인 소통을 통해 아이가 처한 상황에 대해서 설명하고 인격적인 관계 속에서 권유하고 지도해야 함에도 불구하고 권위와 힘으로 아이를 억압하고 순종을 종용하기 경우가 비일비재하다. 그리고 그들의 이런 행동이 사랑에서 비롯되었다고 믿는다. 이것은 사랑의 정의를 잘못 내렸기 때문에 발생하는 오류이다.

고압적인 자세로 아이의 자유를 억압하고 강요하기만 하는 부모, 더 비싼 학원에서 공부해야만 할 것 같은 무모한 경쟁, 30년 전이나 별다를 것 없는 주입식 교육, 열정과 사랑이 식어버린 교

공부! 왜?

육 공동체, 이런 상황 속에서 아이들은 숨을 쉴 수조차 없는 실정에 다다랐다. 한국의 아이들은 공부하는 기계 취급을 받는다. 우리 안에서 사육되는 돼지처럼 등급이 나뉘지고 시간이 지남에 따라 비인격적인 모습으로 바뀌어간다.

이기기만 하면 되는 결과주의, 무한경쟁, 오직 목표를 성취하기 위한 이름뿐인 봉사활동, 클럽활동, 취미생활!

내 성공을 위해 주위 가족, 친구 그리고 이웃을 이용하고 버리는 병든 사회 구조가 학교 안에서도 자리 잡았다. 한겨레 칼럼에 '이제 됐어?'란 말을 남기고 삶을 마감한 한 외고생의 이야기를 소개하며 김규향 기자는 "대체 아이들이 얼마나 더 죽어야 우리는 정신을 차릴까?"라는 질문으로 칼럼을 마친다. 참교육을 고민하는 교육자로서 나 역시 공감하는 것이어서 이 질문은 마음 속에 큰 울림으로 남아 있다.

참된 교육은 우리 아이들이 처한 교육적 환경과 상황이 잘못됐다고 인정하는 것에서 시작될 수 있다고 생각한다. 무엇보다 인간성이 상실된 사회에서는 인간성을 회복하는 것이 중요하다. 친구가 내게 도움이 되니까 사귀는 것이 아니라 친구라는 존재,

그 사람 자체가 나에게 소중하게 다가오기 때문에 사귀는 것이다. 사람과 사람의 관계를 잘 맺는 법을 배우는 것이 교육의 기본이다.

일반적으로 사람들은 공부와 인간성의 회복이 별개라고 생각한다. 내 생각은 다르다. 공부를 하기 전에 참된 인간이 되어야 한다. 바른 인간성을 회복하지 못하면 공부를 해야 하는 당위성을 찾을 수 없다. 돈을 많이 벌기 위해서 공부한다면 이미 돈이 많은 부모를 가진 아이에게는 돈이라는 목적이 동기부여로 작용되지 않는다.

좋은 집과 차, 안정과 쾌락을 추구하기 위해서 공부를 하는 것 또한 마찬가지다. 이런 것들은 아이들의 심장을 뛰게 할 수 없고 좋은 대학에 입학한다 할지라도, 좋은 직장을 얻는다 할지라도 바른 방향성을 상실한 아이들은 머지 않아 시들어 버릴 것이다.

공부를 해야 하는 참된 이유는 사람과 세상을 섬기기 위함이다. 봉사하기 위함이다. 사회의 잘못된 모순을 바로잡고 소외되고 힘이 없는 자를 보살피기 위해 우리는 공부를 해야 한다.

"공부해서 남 주냐?"

초등학교 때 많이 들어봤던 말이다. 내 생각엔 공부해서 남 주는 것이 맞다. 미술, 음악, 정치, 외교, 법학, 농업, 그 외 모든 분야에서 우리는 선한 영향력을 행사할 수 있고 세상을 아름답게 가꿀 수 있다.

공부를 하는 이유는 각 분야의 전문성을 얻고 그 전문성을 가지고 다른 사람을 돕고 섬기기 위함이다. 이런 관점에서 돈을 많이 벌기 위해 전공과 직장을 선택하는 것은 옳지 않은 것이다. 이것을 아이들에게 인식시켜주면 아이들은 전공과 직업에 대해 올바른 생각을 갖게 된다.

공부를 하는 목표도, 눈빛도 달라진다. 물론 짧은 시간 안에 모든 아이들을 변화시킬 수는 없을 것이다. 하지만 이런 교육의 과정을 통해서 아이들은 세상을 바라보는 바른 시각과 가치관을 갖추게 된다.

'공부 못하는 아이' 부모의 작품일 수 있다!

학교를 운영하며 수없이 많은 학부모를 만났다.

어디서부터, 무엇이 잘못되었을까?

눈물을 흘리지 않고 진행할 수 있는 상담이 많지 않았다. 이들을 위해 내가 할 수 있는 것 역시 많지 않았다. 그저 몇 시간 동안 이야기를 듣고 함께 울고 공감하는 것 정도가 내가 할 수 있는 전부였다. 수많은 고통스러운 이야기를 들으면서 나의 사명감은 더욱 강해졌다.

　무한 경쟁 사회, '한국!' 이 사회에서 살아남기 위해 우리는 늘 경쟁을 해야 한다. 마음속에 여유가 없다. 운전도 빠르게, 식사도 빠르게, 공부도 빠르게! 모든 것을 '빨리빨리' 해치워야 하는 사회에서 우리는 살고 있다. 이런 삶의 모습이 교육분야에도 반영된다.

　초등학생은 중학교 과정을, 중학생은 고등학교 과정을 미리 공부해야 우수한 학생이라는 가치관이 온 사회에 퍼져있다. 초등학생이 밤 10시까지 학원에 다니는 것이 우리에게는 자연스럽다. 선행을 하지 않으면 뒤처지는 상황에서, 너 나 할 것 없이 모두 '빨리빨리'를 외치고 있는 것이다.

　아이러니하게도 범람하는 선행학습 속에서 아이들의 학업 성취도는 저하되고 있다. 중학교를 입학하기가 무섭게 학업을 포기하는 아이들의 수가 부지기수다.

　아직 너무나도 어린 아이들! 대한민국의 수많은 꿈나무들이 꿈을 꿀 자유조차 얻지 못하는 것이 지금 우리가 처한 현실이다. 대체 우리는 무엇을 추구하고 있는 것일까?

　우리는 왜 아이가 즐겁고 행복한 것에 만족할 수 없는 것일까?

　우리는 왜 아이가 아프지 않고 건강한 것만으로 만족할 수 없는 것일까? 우리는 왜 아이들이 다 공부를 잘해야 한다고 생각하는 것일까?

솔직히 난 아이들이 건강한 것만으로도 만족할 수 있는 학교를 만들고 싶다. 학교에 오는 것만으로도 즐겁고 행복해야 한다. 공부는 잘하지 못해도 괜찮다. 공부에 대한 인식이 나쁘거나 공부를 싫어하지만 않는다면 난 누구든지 공부를 즐길 수 있다고 믿는다.

공부를 싫어하는 이유는 공부를 해야 하는 이유를 모른 채 강요당하기 때문이다. 누구든지 억압하지 않는 상황에서 필요에 의해서 공부를 시작한다면 절대로 공부를 싫어하는 지경에까지 이르진 않을 것이다.

예를 들면, 어떤 아이가 의사가 되고 싶다면 사람의 몸에 대한 궁금증을 가질 것이다. 그렇다면 그 궁금증을 해결하기 위해 공부를 하는 것은 그 아이에게 기분 좋은 활동이 된다. 어떤 아이가 수학 선생님이 되고 싶다면 수학을 열심히 공부할 수 있고, 교사가 되기 위한 교육과정을 잘 교육받을 수 있을 것이다. 화가가 되고 싶다면 창의적인 사고를 하기 위해 책을 읽고 인문학 과정을 공부하는 것이 부담이 되지 않을 것이다.

문제는 우리 아이들이 왜 공부를 해야 하는지 자각하지 못하고 있다는 것이다. 아이들이 흥미를 갖고 공부를 할 수 있다면, 공부의 필요성을 스스로 깨닫고 공부를 시작한다면 더 이상 공부가 괴물 같은 존재로 여겨지지 않을 것이다.

안타깝게도 대부분의 교사와 학부모들은 그들의 말과 행동이 잘못됐다는 것을 알면서도, 많은 경우 의도하지 않았을지라도 아이들을 공부하는 기계로 취급한다. 그리고 공부를 못하는 아이를 질타하고 야단을 치는 경우를 어렵지 않게 찾아볼 수 있다.

공부를 못하는 것이 정말 잘못된 일인가?

공부를 하고 싶지 않아서 하지 않는 것뿐인데 그것이 왜 잘못된 일인지 난 이해할 수 없다. 하고 싶지 않다면, 분명 그런 생각을 갖게 된 배경이 있을 것이다. 우리는 결과에 집중하기 전에 그 배경과 과정을 살펴보았으면 한다. 대체 이 아이가 왜 공부를 싫어하게 됐는지, 무엇 때문에 공부하는 것을 두려워하게 됐는지… 우리는 우리 아이들의 마음을 헤아려주고 소통하는 능력을 키워야만 한다. 그리고 인격적인 대화와 설득을 바탕으로 아이들이 학업에서도 성취감을 맛볼 수 있도록 도와줘야 한다.

공부를 싫어하는 아이가 있다면 그 책임은 부모에게 있다.

부모의 욕심이 아이를 망치고 있는 경우가 대부분이기 때문이다. 생각해보자. 공부를 강요하지 않는데 공부를 싫어하는 아이가 있을 수 있겠는가?

공부를 강요하지 않는다면, 공부를 안 할 수는 있겠지만 공부를 싫어하지는 않을 것이다. 공부를 한 번도 해보지 않은 아이라

할지라도 때가 되어 본인이 공부를 해보겠다고 마음을 먹으면 얼마든지 공부를 할 수 있는 것이다. 나 같은 경우 중학교 2학년 때까지 공부를 해 본 기억이 전무하다. 하지만 공부를 하기로 스스로 마음먹고 나서 공부를 잘하는 데까지 많은 시간이 소요되지 않았다. 내 경우가 특별한 것이 아니며 본인이 의지를 가지고 하는 일은 누구나 잘할 수 있기 때문이다. 다만 사람에 따라 시간 차가 조금 존재할 뿐 심각한 장애를 겪는 아이가 아니라면 누구나 배움을 얻을 수 있다.

나는 문제아 뒤에는 반드시 문제 부모가 존재한다고 생각한다. 이는 경험을 바탕으로 내린 결론이다. 부모가 바른 기준을 가지고 아이를 훈육하고 양육하는데 잘못되는 아이는 찾아 볼 수 없다.

만약 나의 아이가 문제를 일으킨다면 부모된 나의 모습을 돌아볼 필요가 있다. 부모가 조급해 하거나 욕심 부리지 않고, 아이와 소통하여 마음을 읽어줄 수만 있다면, 아이는 모든 상황 속에서 훨씬 더 여유로울 수 있다. 물론 교육시스템이 문제인 경우도 있으나, 자녀 교육에 있어서 가장 큰 걸림돌은 대한민국 부모의 교육관 부재라고 할 수 있다. '난 우리 아이가 공부를 잘하지 못해도 꾸짖지 않겠어. 난 우리 아이가 공부를 잘하지 못해도 기다려주겠어' 라는 결단만 부모가 내릴 수 있다면 아이는 행복하고 건강하게 성장할 수 있을 것이다.

현실적으로 생각해보자!

우리 아이들이 하버드와 서울대에 들어갈 확률은 희박하다. 설사 그런 명문대에 입학할지라도 대학간판이 일생을 보장해주는 시대는 이미 지나 버렸다는 것을 우리는 알고 있다. 난 모든 아이들이 스스로 무엇을 원하는지 고민해보고, 그 원하는 것이 어떠한 의미가 있는지 생각해보고, 그 원하는 것을 얻기 위해서 어떤 노력의 과정을 거쳐야 하는지 한 번쯤은 꼭 질문하는 시간을 가져보기를 원한다. 이런 과정이 없이는 내가 원하지 않는 것을 얻을 가능성도 있고, 설령 내가 원하는 것을 얻었다 할지라도 내게 큰 의미가 없을 수도 있기 때문이다.

모든 아이는 아름답다. 모든 아이는 소중하다. 그리고 모든 아이는 다를 수 있다. 아니 다르다! 너무나도 다르고, 다양한 아이들을 어느 한 기준을 두고 비교하는 것이 무슨 의미가 있을까? 수학문제를 잘 푸는 능력과 영어단어를 잘 외우는 능력도 대단하지만 친구를 잘 사귀고 성격이 온화한 것도 중요한 자산이다.

세상에 공부를 못하는 아이는 없다. 다만 공부를 좋아하는 아이와 싫어하는 아이가 있을 뿐이다. 공부는 정도의 차이는 있겠지만 누구나 할 수 있다. 그리고 열심히 하면 누구나 잘 할 수 있다. 다만 그 공부가 내게 즐겁고 유익하다는 전제하에서 그렇다. 부모로서 우리는 아이들을 도와줘야 한다. 공부에 대한 아이들의 생각이 긍정적일 수 있도록, 강요하거나 다그치지 말고 아이들을 응원해줘야 한다. 결과에 상관없이 과정을 응원하고 노력하는 모습 자체를 칭찬해줘야 한다.

지구상에 공부를 못하게 태어난 아이는 존재하지 않는다. 다만 공부를 못하게 만드는 교사와 부모만 존재할 뿐이다. 나는 공부에 대한 수많은 생각들을 정리하기 시작했다. 그리고 어떻게 하면 기존 시스템과 전혀 다른 학교를 세워나갈 수 있을지 고민했다. 아직도 이 고민에 대한 답을 완벽하게 정립하지는 못했다. 하지만 내가 가야 하는 길의 방향은 인식하고 있다. 비록 느릴지라도 아직까지 그 누구도 경험해보지 못한 멋있는 학교를 세우고 싶다.

내가 기존에 봐왔던 학교, 내가 기존에 다녔던 학교보다 조금 더 아이들에게 관심을 갖고, 조금 더 소통을 하고, 조금 더 행복한 교육 커뮤니티를 만들고 싶다는 열정으로 난 분당에서, 본격적으로 새로운 학교 시스템을 만들기 시작했다.

분당의 작은 민사고?

2012년 8월. 첫 입학식.

19명의 학생들과 함께하는 새로운 시작이었다. 당시 난 지금도 우리학교에 근무하고 계신 셸리나Celina 선생님을 처음 만났다. 연구소에서 일할 때 함께 근무했던 지인이 선생님을 추천해 주었다.

셸리나 선생님을 정식으로 인터뷰했고 이 선생님이라면 아이들을 사랑으로 가르칠 수 있을 거란 확신이 들었다. 셸리나 선생님은 중국계 영국인 교사였다. 그녀의 수업은 즐거웠고 재미있었다. 그녀는 밤늦게까지 남아서 수업을 준비하고 아이들을 가르쳤다. 외국인으로 이렇게 헌신적이고 책임감이 강한 교사는 처음 만났다. 나는 그녀를 신뢰했고 그녀는 최선을 다해서 수업에 임했다. 시간이 지남에 따라 우리는 서로를 더 신뢰하는 좋은 친구가 되었다.

학교를 운영하는데 운영비Budget가 충분하지 않았기 때문에 최대한 효율적으로 비용을 사용해야 했다. 내가 가진 비용으로는 정교사를 두 명 뽑을 수 있었다.

셸리나 선생님 한 분만 정교사로 임용하고 세 명의 파트타임 교사를 뽑았다. 셸리나 선생님은 영어와 역사를 가르쳤고 아내가 수학을 가르쳤다. 그리고 파트타임 교사 한 분이 과학을, 다른 두 분이 중국어와 뮤지컬을 가르쳤다. 그 외 모든 과정은 내가 맡기로 했다. 나는 매일 밤 10시까지 아이들을 관리하며 숙제를 봐주었다. 추가로 토플과정과 미국수능 ACT 수업을 맡아 가르쳐 주었다.

아이들을 가르치며 느낀 점은 대체적으로 아이들의 자존감이 매우 낮다는 것이었다. 공부를 잘하든 못하든, 아이들은 자신의 영어 실력이 형편없다고 생각하고 있었다.

사실 이 아이들이 다른 아이들에 비해서 실력이 다소 떨어질 수는 있었지만 실력이 그렇게 낮지는 않았다. 물론 그중에는 정말 실력이 낮은 경우도 있기는 했지만 그 역시 좌절할 문제는 아니다. 그런데 대부분의 아이들이 학업적인 부분에 대해서 자신감이 결여되어 있었다.

무엇보다 시급했던 것은 아이들의 의식을 바꿔주는 것이었다. 자신감이 결여된 아이들에게 공부를 가르치는 것은 겁에 질린 군인에게 총 쏘는 법을 가르치는 것과 다를 게 없다. 총을 쏘는 법을 가르쳐줘도 총을 쏠 자신감이 없는 군인을 군인이라 할 수 있을까?

특단의 조치가 필요했다. 아이들 한 명, 한 명과 미팅을 시작했다. 그리고 아무 편견 없이 아이들의 의견을 들어주었다. 시간이 지남에 따라 아이들과 깊이 있는 대화를 나눌 수 있게 되었다. 그리고 어느 순간부터 아이들도 나의 이야기를 경청하기 시작했고 차츰 아이들의 부정적인 생각도 긍정적으로 바뀌기 시작했다.

교사는 천직God-given vocation이 맞는 것 같다. 교사는 때론 부모, 상담사, 목회자, 친구와 같은 사람이 될 수 있어야 한다. 분명한 것은 교직은 소명의식Calling이 없는 사람이 할 수 있는 일이 아니란 것이다.

페이스튼 입학식 사진

2012년 12월 추운 겨울, 한 학생이 나를 찾아왔다.

이 학생은 이름은 Lee였고 지금까지 내가 봐왔던 아이들 중에 가장 자존감이 낮은 아이였다. 여러 가지 문제로 캐나다에서 캄보디아로 다섯 번이나 학교를 옮겨가면서 생활을 했고 단 한 번도 공부를 해본 적이 없다고 했다.

Lee는 삶에 대한 의욕이 전혀 없었다. 엎친 데 덮친 격으로 Lee는 잘못된 교육기관을 만나 매우 힘든 상황에 처해있었다. 아이의 이야기를 들으면서 마음이 매우 아팠다. 그래서 아이에게 말해주었다.

"걱정하지마! 선생님이랑 같이 공부해보자. 내년 8월엔 네가 원하는 대학에서 즐겁게 생활할 수 있을 거야!"

Lee 학생은 내 말을 믿을 수 없어 했다. 하지만 믿고 싶어하는 눈치였다.

Lee에게 가장 필요했던 것은 공부보다는 생활관리였다. 너무 늦게까지 잠을 자지 않고 수많은 걱정과 자괴감에 빠져 아무것도 할 수 없는 상황이었기 때문이다.

"Lee! 너무 걱정하지 마! 이렇게 생각하면 어떨까? 넌 지금부터 나와 함께 여행을 떠나는 거야. 아직까지 한번도 가보지 못한 아마존에 들어가는 거지. 넌 여행자고 난 아마존 원주민이야. 넌 아마존이 처음이기 때문에 두렵고 겁이 날 거야. 하지만 걱정하지마! 난 아마존 원주민이고 너와 함께 아마존에 들어가서 여행할 계획이거든. Lee! 넌 할 수 있어. 걱정하지 말고 최선을 다해보자."

하루, 그리고 또 하루 Lee는 과거 일이나 미래 일보다, 지금 당장 해야 하고 할 수 있는 일에 집중하기 시작했다. 하루 단어 200개, 독해지문 10개, ACT 수학과 과학 그리고 문법 강의! 특단의 조치가 내려졌다. 저녁마다 계획을 새로 짜고 Lee가 잡생각을 하지 않고 공부에 집중할 수 있도록 멘토링Mentoring을 진행했다. 매일 주어지는 숙제를 최선을 다해서 하기 시작했다.

어느 날은 새벽까지 공부를 하다가 눈이 심하게 충혈되어 혈관이 파열될 정도였다. 그리고 공부, 또 공부에 매진했다.

Lee의 실력이 불과 2개월 만에 눈부시게 향상되었다. 실력이 갖춰짐과 동시에 우리는 일본대학과 미국대학의 입학전형을 병행하여 진행하고 꾸준히 공부에 집중했다.

지성이면 감천이라 했던가!

Lee는 일본에 있는 리츠메이칸Ritsumeikan APU 국제대학에 학업 우수 4년 장학생65% Tuition Reduction Scholarship으로 합격의 영예를 안았다. 그리고 미국의 여러 학교로부터 입학허가를 받았다. Lee는 현재 미국 미네소타 주에 위치한 미네소타주립대 칼슨스 비즈니스 스쿨University of Minnesota Twin Cities, Carlson School of Management -US Ranking #18에서 우수한 성적으로 즐겁게 대학 생활을 하고 있다.

더 놀라운 것은 Lee의 근본적인 변화였다.

Lee는 대학교 2학년 여름방학 때 학교를 방문했다. 그리고 후배들을 위해서 특강을 진행했다. 어떻게 사람이 이렇게 급격하게 변할 수 있을까 놀라움을 금할 길이 없었다. 전엔 찾아볼 수 없었던 자신감과 열정! Lee의 한 마디, 한 마디, 단어 하나, 하나에 힘이 실려있었다.

Lee는 본인이 경험한 미국 대학이 어떤 곳인지, 학점 관리를 위해서 어떤 노력을 하고 있는지, 무슨 운동을 하고 있는지, 어떤 동아리 활동에 참여하고 있는지와 함께 얼마나 열정적으로 학교 생활에 임하고 있는지 구체적이고 자세하게 아이들에게 설명해 주었다.

불과 1년 전의 모습과는 차원이 다른 멋진 청년의 모습으로 세워져 있었다. 참으로 보람되고 감격스러웠다. Lee는 그 해 여름 방학동안 후배들에게 미국수능ACT을 가르쳐주고 다시 대학으로 돌아갔다.

동녘 동, 하늘 천: 동천!

페이스튼 1회, 2회 졸업생들이 대중에게 잘 알려진 대학에 합격하면서 그리고 새로 입학한 아이들의 만족도가 높아지면서 학교는 성장의 가도를 달리기 시작했다. 정자동의 생활이 불만족스러웠던 것은 아니었지만 꾸준히 늘어 가는 학생수를 감당하기에는 역부족이었다. 결국 우리는 작지만 강한 학교, 정자동의 스토리를 마무리하고 2013년 7월 여름, 용인 수지 동천으로 이전을 결정했다.

불과 1년 전만해도 페이스튼 학생은 19명! 그리고 동천으로 이사를 고려할 즈음엔 학생수가 40명으로 늘었다. 사실 최종적으로 동천으로 이전하기까지는 천신만고의 우여곡절이 있었다.

오직 아이들에게 좀 더 나은 교육환경을 제공하고 싶다는 열정 하나만으로 정신없이 뛰어다닌 결과 우리에게 딱 맞은 최상의 공간을 찾을 수 있었다.

숲이 있고 공기가 맑은 곳! 책을 읽고 사색할 수 있는 곳! 마음 껏 뛰어 놀아도 그 누구도 항의하지 않는 곳! 사실 정자동 상가 건물에서 지낼 때는 아이들이 뛰어다닌다고, 매일같이 수없이 많은 항의 전화를 받아야만 했다. 안성맞춤이란 단어, 이럴 때 쓸 수 있을 것 같다.

동천은 아이들에게 편안한 안식처가 되어 주었다. 마음껏 찬양을 해도, 마음껏 놀이를 해도, 이제 아무도 아이들을 탓하지 않는 환경이 조성되었음에 감사한다. 봄에는 지저귀는 새소리와 개나리, 진달래가 만발하는 곳. 여름에는 울창한 수풀이 우거진 푸른 숲, 하늘과 땅이 온통 녹색으로 뒤덮이는 곳. 가을에는 형형 색색의 단풍으로 온산이 물들고 낙엽 밟는 소리가 사방을 채우는 곳. 겨울에는 온 세상이 흰 눈으로 옷 입어 겨울왕국 같은 자태를 뽐내는 이곳이 바로 페이스튼이 자리한 수지 동천이다.

"동천!" 이곳에서 우리는 새로운 시작을 준비했다.

2013년 여름은 나와 아내에게 힘들고 고된 시간이었다. 우리는 최선을 다해서 공사를 감독하고 건물이 준비되는 것을 도왔다. 공사 비용을 아끼기 위해 페인트칠과 바닥타일공사 그리고 청소를 도맡아 했다.

실평수 500평이 넘는 큰 건물을 정비하고 공사하는 것, 결코 쉽지 않은 일이었다. 이렇게 한 번만 더하면 과로사도 가능하겠다는 생각이 스쳐 지나갔다. 우린 새벽 2~3시까지 학교에서 일을 했다. 입학식에 맞춰 모든 준비를 마감해야 했기에 매일 밤 늦게까지 일을 해야 했다. 아마추어지만 내 손으로 직접 페인트를 칠하고 교실 공간도 꾸미고 이곳에서 공부할 아이들을 상상하면서 내심 흐뭇했던 기억이 있다. 공사가 생각보다는 지연되어 입학식 이틀 전이 되어서야 정리를 마무리할 수 있었다.

창의적인 윤희범 선생님과 함께

아름답고 세련된 예배실, 아기자기한 교실들, 각층에 자리한 도서실, 응접실, 교무실, 그리고 옥상에는 잔디를 깔고 풋살과 배구를 할 수 있도록 체육시설을 정비했다. 첨단 시설을 완비하지는 못했지만 실용적이고 잘 준비된 학교의 모습을 갖출 수 있었다. 이렇게 우리는 새로운 시작을 위한 공간을 마련하고 아이들을 맞이할 준비를 마쳤다. 비로소 페이스튼 수지 캠퍼스가 문을 열게된 것이다.

유비, 관우와 장비를 만나다!

교육은 아무리 좋은 시설이 있어도, 아무리 훌륭한 시스템이 있어도, 탁월한 교사가 함께하지 않으면 빛 좋은 개살구에 불과하다.

내 교육 철학을 한마디로 정의하라고 하면 난 '교육의 질은 교사의 질을 넘지 못한다'라고 말할 것이다. 이 정도로 교사는 교육에 있어서 절대적인 존재이다. 난 늘 좋은 목회자와 교사를 만날 수 있기를 갈망해 왔다. 그저 월급이나 받고 시간 때우기 식의 수업으론 질 높은 교육은 생각조차 할 수 없기 때문이다.

2013년 가을학기가 끝나갈 무렵, 난 학부모로 학교에 관심이 있어 찾아오신 이종일 목사님이란 분을 만났다. 미국에서 목회를 하시다가 귀국한지 얼마 되지 않은 중년의 목사님이셨다. 여느 때와 다름없이 내가 기존에 하던 대로 학교설명을 진행했다.

어떠한 이유였을까? 우리의 대화는 의도치 않게 길어졌다. 그리고 각자의 개인 스토리를 나누게 되었고 이 목사님은 내게 페이스튼을 발견한 것이 마치 보석을 발견한 기분이라고 말씀하셨다. 목사님께선 한국에 귀국하자마자 자녀 교육을 위해 이곳저곳 안 가본 국제학교가 없을 정도로 거의 모든 국제학교를 직접 다 방문해 보셨다고 하셨다. 하지만 안타깝게도 본인이 생각하는 이상적인 학교를 찾을 수 없어 지금은 대안으로 큰 아이는 포항에 있는 국제학교에 보내놓은 상황이고 둘째는 일반학교에 입학해 다니면서 많은 어려움을 겪고 있다고 말씀하셨다.

이 목사님과 대화를 하며 난 이분의 생각이 나와 매우 흡사하다는 것을 느낄 수 있었다. 귀국하고 이때까지 나와 비슷한 신학적 사고를 가진 사람을 만나보지 못했다. 우리의 미팅은 또 다른 미팅으로 이어졌고 서로가 서로에게 필요한 존재임을 알게 되었다.

얼마 후 다시 이 목사님과 개별적인 미팅을 진행했고 우리는 곧 하나가 될 준비를 마쳤다. 이 목사님은 교회를 개척하셨고 난 학교를 운영하고 있었다. 목사님께 수지로 와서 학교 안에서 교회를 하는 것이 어떻겠냐고 조심스럽게 제안을 드렸다. 목사님께선 나의 제안을 흔쾌히 받아들이셨고 오직 청소년 사역과 다음 세대의 교육을 위해 수지로의 이전을 강행하셨다. 물론 여러 가지로 고려할 점도 많았지만 리더와 리더의 연합을 통해 두 조직은 자연스럽게 하나가 될 수 있었다.

이 목사님은 정직하신 분이셨다. 목사님은 장로회신학대학교에서 학사BA와 석사M.Div를 마치고 미국 풀러 신학대학원Fuller Theological Seminary 목회학 박사과정D.Min을 수학하셨다. 캘리포니아 폴러튼에서 수년간의 사역을 마치고 한국에 영구 귀국하신 것이다.

난 이 목사님의 관계적 신학에 관심이 있었고 삼위일체적 신학을 동경했다. 우리는 단순히 하나님과 관계를 잘 맺는 것만이 중요한 것이 아니라 가족과 이웃과의 관계 회복을 통해 삶 속에서 그리스도의 향기를 나타낼 수 있는 살아있는 신앙인의 삶을 추구했다.

며칠 후, 이 목사님은 내게 만날 사람이 한 명 더 있다고 하셨다. 그리고 권홍성 목사님을 소개해 주었다. 권목사님은 학자와 같은 분이셨다. 명석하고 논리적이셨지만 부드러운 카리스마를 지닌 매력적인 분이셨다.

만남에 만남이 더해지면서, 최종적으로 우리 셋은 도원결의를 맺게 되었다. 일평생 교육을 통해 한국교회와 교육을 바꾸는 데 힘을 모으기로 결정했다. 그 후로부터 지금까지 우리 셋은 같은 방향성을 가지고 함께 사역하고 있다. 2016년 현재 이 셋의 모임은 넷이 되었다. 북서연원을 설립한 북경대 국제 경제학부 출신 최승원 이사가 우리와 함께 동역하기 때문이다. 이로써 우리의 모임은 막강한 교육 커뮤니티로 성장하게 되었다.

이종일 목사님은 비손 교회를 개척하셨고 교회는 매주 뜨거운 부흥을 경험하고 있다. 처음 세 명으로 시작했던 주일학교가 이제 수십 명의 아이들로 북적이고 있다. 매주 150명이 넘는 사람들이 함께 모여 뜨겁게 하나님을 찬양하며 경배하고 있다.

비손 교회의 특징은 젊은이들과 새 신자들이 넘쳐난다는 것이다. 기존 교회에 힘들어 했던 분들, 그리고 한번도 교회에 오지 않았던 분들이 비손 교회를 만나고 새로워지고 있다.

비손 교회의 참된 매력을 말로 설명하기는 매우 어렵다. 음식 맛을 말로 설명하기 힘든 것처럼 비손 교회의 매력 또한 말로 표현하기는 쉽지 않다. 다만 단 한번만이라도 예배를 경험해보면 알 수 있다. 아무도 강요하지 않고 아무도 부담을 주지 않는다. 하지만 예배를 참석해보면 알 수 있다. 살아계신 하나님의 말씀이 내 심장을 두드린다는 것을!

권홍성 목사님은 엘듀기독교육연구소의 창립자이시다. 그리고 엘듀에서 학부모 교육, 학생 세미나, 교사 교육 시리즈를 꾸준히 개발하고 계신다.

엘듀의 프로그램으로 페이스튼 학생들은 방학 동안에 신앙교육을 받고 학기 중에는 영성캠프, 비전캠프, 그리고 미션캠프를 진행한다. 엘듀는 마치 학교와 교회의 소프트웨어 프로그램과도 같다.

다니엘 교장, 최승원 이사, 이종일 목사, 그리고 권홍성 목사! 우리 넷은 오직 하나님께서 기뻐하시는 학교와 교회 그리고 연구소를 세우는 일을 계속할 것이다. 물론 성격, 나이, 배경, 외모, 모든 것이 다르지만 모일 때마다 우리는 그리스도 안에서 하나

됨을 느낀다.

페이스튼의 가치관 그리고 철학! 나 혼자 모든 것을 다 할 수 있다고 생각하는 것은 교만일 수 있다. 내가 심장이라면 누군가가 손이 되고, 또 다른 누군가는 다리가 되어주는 건강한 조직을 이루었다. 역할은 다르지만 하나의 몸을 이루고 같은 방향으로 걸어가는 아름다운 공동체, 이것이 페이스튼이 꿈꾸는 비전이다.

학교＝선생님!

이것보다 더 정확한 공식이 존재할까?

강한 강조의 표현이긴 하지만 학교를 운영하는데 있어 좋은 교사를 채용하는 것보다 더 중요한 일은 많지 않다. 페이스튼에 대해서 알고 싶다면 페이스튼의 교사진을 살펴보면 된다.

오삼천 총감님! 대한민국 국제교육과 해외유학 역사의 산 증인이시다. 대원외고와 용인외고에서 교감을 지내셨고 현재 페이스튼에서 총감으로 섬기시고 계신다. 오 총감님은 바른 교육적 가치과 도덕성을 지니신 훌륭한 교육자이시다.

호주의 명문 시드니 대학University of Sidney을 우등 졸업하신 강유진 선생님. 유진 선생님은 원칙주의자이자 자기 관리가 철저하신 분이시다. 늘 아이들에게 바른 기준을 제시하고 훈련시키신다.

세계 최고의 공학대학인 워털루 대학University of Waterloo에서 수학공학을 전공하신 페이스튼의 꽃 미남 저스틴 선생님! 늘 아이들과 함께하고 마음으로 소통하며 눈높이를 맞추신다.

일리노이 얼바나샴페인UIUC에서 초등교육을 전공하신 '미소 천사' 수지 선생님! 모든 수업이 체계적이시고 열정적이시다.

토론토 대학University of Toronto에서 경제학을 전공하신 애교 천사 스테파니 선생님! 완벽한 준비, 철저한 대비, 올바른 기준으로 아이들을 바르게 교육하신다.

성균관 대학에서 수학을 전공하시고 장신대 신대원에서 목회학을 전공하신 이건미 목사님! 늘 하나님의 사랑과 은혜로 아이들을 품어주시는 놀라운 목회자이시다.

미시간 대학Michigan State에서 생리학을 전공하시고 콜롬비아 대학Columbia University에서 교육학 석사과정을 수학하신 미모의 여신 제인 선생님! 애교 만점, 사랑 만점, 늘 최선을 다하시는 모습이 존경스럽다.

북경대Peking University 국제 경제학부 출신 최승원 선생님! 늘 정의와 공의를 고민하시고 아이들에게 최상의 교육을 제공하기 위해 두문불출하신다.

북경대 출신 서유석 선생님! 사랑이 많고 온유하고 인자하시다.

북경대 출신 송창무 선생님! 축구부 훈련, 수학 멘토, 아이들의 마음을 읽고 소통하시는 멋쟁이 신사.

서울 재즈 아카데미 출신 윤희범 선생님! 유쾌하고 즐겁고 속 정이 깊은 대한민국 최고의 음악 선생님이시다.

버클리 음대Berkeley College of Music 출신 김다혜 선생님! 진심으로 아이들을 사랑하고 품어주신다.

장신대학교 신대원 출신의 한민 목사님! 지성과 영성의 청소 년 사역자, 찬양 사역자! 난 태어나서 지금까지 이렇게 다재 다 능한 목회자는 처음 만났다. 찬양, 사진, 신학, 상담, 교육, 모든 분야를 아우르는 대한민국 최고의 청소년 사역자이시다.

놀덤브리아대Northumbria University in Newcastle 교육대학 출신 셀리나 선생님. 천사가 인간의 모습으로!

맥길대McGill University 수학과 출신 최승혜 선생님 등 페이스튼에 는 인성과 영성 그리고 지성을 겸비한 교사들이 즐비하다.

그 외 이화여대 미대 출신의 앨리슨 선생님,

외대 통번역 출신의 키 선생님….

한 분, 한 분의 교사를 다 소개하자면 끝이 없다. 페이스튼은 운영비의 대부분을 교사에게 투자하는 약간은 특이하고 이상한 학교로 잘 알려져 있다. 우리는 믿는다. 교육의 질은 교사의 질을 넘지 못한다는 사실을! 이것이 페이스튼이 추구하는 가장 중요한 가치이며 원동력이다.

페이스튼에는 현재 52명의 교사진과 운영진이 있고 160명의
학생들이 수학하고 있다. 교직원대비 학생수는 1:3정도로 소수
정예 수업이 진행되고 있다.

페이스튼 교사진

페이스튼의 교사 고용정
책Employment Policy을 살펴보면
페이스튼의 학교 철학을 쉽
게 이해할 수 있다. 페이스
튼의 고용정책이 타 국제학
교와 다른 독특한 부분은 외
국인 교사보다 교포교사나 한국계 외국인을 선호한다는 것이다.
E-2 비자를 받고 잠시 한국에 방문하거나 직장 경험을 쌓기 위
해서 한국에 오는 외국인 교사보다는 한국 문화를 알고 한국 아
이들의 정서를 이해하고 소통할 수 있는, 신앙으로 준비된 건강
한 교포 교사들이나 한국계 외국인들이 비교적 어린 아이들과
청소년들을 교육하는데 있어서 더 적합하다고 생각하기 때문이
다. 이런 이유로 인해 페이스튼의 교사들은 거의 교포로 구성되
어 있다. 이 또한 페이스튼의 문화를 만드는 데 아주 주요한 요인
이 되었다.

우리는 단순히 아이들에게 영어를 가르치는 것이 다가 아니라고 생각한다. 영어가 중요하지만 인성과 관계, 소통과 열린 사고를 교육하는 것이 국제 교육에 있어서 핵심이라고 생각한다. 이런 관점에서 교사의 역할은 '단순히 교과목을 가르치는 것,' 그 이상이 되어야 한다. 무엇보다 초등과정의 교사는 목소리의 톤, 눈빛, 성향, 습관, 그리고 모든 말과 행동이 아이들 발달과정에 있어서 지대한 영향을 준다.

1년이란 긴 시간이 지나는 동안 선생님들은 아이들의 학습적 성취에도 도움을 주지만 성격 형성이나 가치관 형성에 있어서도 많은 영향을 끼친다. 이런 이유로 인해서 나는 적어도 초등교사들은 아이들을 진심으로 사랑하고 바른 인격을 소유한 교사여야 한다는 생각을 가지고 있다. 이와는 다르게 중고등 교사는 교과목 전문가들이어야 한다. 그래야 각 과목의 교과 내용을 자세히 설명하며 심도 있게 가르칠 수 있기 때문이다.

학교에서 교사의 존재는 절대적이다. 교사는 한 아이의 인생을 패망으로 이끌 수도 있고 성공으로 인도할 수도 있기 때문이다. 학교 설립 초기부터 늘 좋은 교사를 만날 수 있게 해달라고 기도했는데 하나님께서는 우리에게 실력과 인성을 겸비한 교사를 넘치도록 채워주셨다. 물론 모든 교사가 모든 이슈Issue에 대해서 다동의하지는 못할지라도 같은 방향으로 한결같이 함께 걸어갈 수 있음에 감사한다. 여러 목사님들과 선생님들의 헌신과 사랑으로, 페이스튼이란 공동체가 시간이 지남에 따라 더욱 멋있고 성숙한 공동체로 세워짐을 느낄 수 있다. 하나님께서 하시는 일은 참으로 놀랍고도 감격스럽다.

미국 명문대 입학의 비밀?

키워드는 단연 '매력'이다!

매력이 있다는 것은 평범한 것과는 다르다. 뭔가 새롭게 다가온다. 매해 입시를 치르면서 내가 초점을 맞추는 것은 개인의 독특한 성향과 매력적 요소를 집어내는 것이다.

2015년 JK라는 학생과 미국대학 입학전형을 진행했다. 난 JK를 2013년 여름에 만났다. JK는 축구선수였다. 고교 대표팀에서 활동을 할 정도로 축구실력이 우수한 아이였다. 처음 이 아이를 만났을 때 더 이상 운동을 할 수 없게 된 사정을 알게 되어 마음이 아팠다.

중학교 때부터 운동을 하느라 제대로 공부를 하지 못해서 성적이 매우 낮았다. 그런 JK를 난 받기로 결정했다. 무엇보다 JK의 부모님이 훌륭하셨기 때문이다. 바른 신앙과 가치관으로 아이를 지도하셨고 학교를 신뢰하고 지지할 수 있는 분들이셨다.

JK는 학교에 들어와 본격적으로 모든 과정을 영어로 배우기 시작했다. 처음에는 교과 과정을 이수하는 것이 힘들었겠지만 운동을 했던 학생이라서 그런지 기본 체력과 인내심이 대단했다.

JK의 실력은 하루가 다르게 좋아졌다.

2014년 가을, JK와 나는 조기졸업에 대해서 논의를 마쳤고 다른 학생들보다 1년 더 빨리 학교를 졸업해서 대학에 입학하도록 결정했다. 여기서도 키 포인트는 독특함Peculiarity과 유일함 Uniqueness 내세우는 것이다. 다른 학생들과 다른 점을 부각시키는 것이 나에겐 최고로 중요한 전략이었다.

축구선수 출신의 학생이 열정적으로 학업에 임하게 된 계기, 매우 낮은 성적을 극복하고 우수한 성적을 받는 학생으로 탈바꿈하게 된 동력과 가능성, 일반 학생들이 4년에 마치는 미국 고교과정을 3년 만에 마칠 수 있는 학업 능력, 그리고 인성, 적성 및 학생의 학업 수준과 삶의 태도에 대한 총체적 평가를 담은 진정성 있는 추천서! 이런 것들이 학생을 돋보이게 하는 가장 중요

'Class of 2016' 졸업사진

페이스튼 축구부

한 요소가 된다.

물론 모든 학생이 같은 전략을 사용하는 것은 아니지만 미국 대학 입사관들의 입장에서 보자면 성적이 좋은 10명의 학생 중에 굳이 1명의 학생을 뽑아야 하는 상황이라면 입사관들은 다른 지원자들과 차별되는 독특한 요소를 찾으려 할 것이다.

솔직히 JK는 GPA가 아주 높은 것도 아니었고 미국수능ACT 점수가 우수하다고 볼 수도 없었다. 학점과 수능점수는 지극히 평범했고 AP와 SAT II 시험은 한 과목도 보지 않았음에도 불구하고 캘리포니아대UCLA, 일리노이대UIUC 등 미국 최상위 대학들로부터 합격 통지를 받을 수 있었다. 모두가 놀라고 학교는 축제 분위기였지만 사실 이것은 당연한 결과였다.

왜냐하면 내가 입사관이었어도 JK 학생을 선택했을 것이기 때문이다. 매력적인 사람은 누구의 눈에도 매력적으로 비춰지기 마련이다. 페이스튼에는 JK와 같은 학생이 한둘이 아니다. 페이스튼 학생들은 모두가 다 독특하고, 특별하고, 우수하다. 나와 페이스튼 교사진이 해야 할 일은 단지 우리 아이들의 독창성, 창의성, 그리고 우수성을 두드러지게 하는 것 뿐이다. 혹시 이게 명문대 입학의 비법이라면 비법일 수 있겠다. .

정직하게! 성실하게! 열정적으로!

페이스튼 아이들은 SAT 시험을 치르지 않는다.

이 또한 페이스튼의 철학이 담겨있다. 물론 미국 사립학교 College prep. school 출신이고 충분히 인문학 소양을 닦고 독서를 많이 해서 어휘력과 추론능력이 발달된 학생이라면 SAT를 보고 미국 대학을 준비하는 것에는 큰 문제가 없을 걸로 본다. 다만 난 SAT 학원을 다니며 수 만개의 단어를 억지로 암기하고 문제풀이만 반복하면서 시험을 준비하는 학생들을 볼 때 그저 안타까울 뿐이다.

ACT란 시험은 SAT와는 성격이 많이 다르다.

미국수능 중 하나인 ACT American College Test 는 학업능력평가이다. 단순히 논리력과 추론력을 평가하기 위해 영어와 수학을 평가하는 SAT와는 조금 차이가 있다. ACT는 학업능력평가이기 때문에 시험을 잘 치르기 위해서는 고교과정의 교과과목을 성실하게 공부해야 한다. 수학 Algebra 1 & 2, Geometry, Trigonometry, 기본적으로 중고등학교 수학을 성실하게 공부한 학생이라면 ACT 수학이 크게 어렵지 않을 것이다.

문법은 Grammar, Language Arts, Literature 과정을 성실하게 공부한 학생이라면 ACT 영어에서 충분히 높은 점수를 얻을 수 있다. 물론 기본 문법Punctuations, sentence structure, basic grammar, style등 공부해야 할 부분들이 많이 있다. 하지만 이런 부분들은 고교과정 중 그리고 대학에서 에세이를 쓸 때 사용되는 중요한 스킬이기 때문에 공부를 해놔도 매우 유익한 내용들이다.

ACT 과학 또한 기본적인 과학과정Biology, Chemistry, Physics의 개념이나 어휘만 알고 있어도 얼마든지 풀 수 있는 문제를 담고 있다. 과학 시험을 공부해 본 사람은 알겠지만 이 시험에서 과학 지식에 대해 묻는 문제는 단 한 문제도 없다. 그래프나 도표를 비교 분석하며 답을 찾는 것이 대부분이다.

한마디로 ACT는 성실하게 고등학교 과정을 이수한 학생이라면 특별히 따로 시험 공부를 많이 하지 않아도 얼마든지 고득점을 맞을 수 있는 정직한 시험이란 것이다. 그렇기 때문에 난 페이스튼 학생들이 고액의 SAT 학원이나 과외를 받는 것이 불필요하다고 생각한다.

하버드를 비롯한 미국의 모든 대학들이 ACT나 SAT, 둘 중 하나만 요구하는데 굳이 한국실정에 맞지도 않는 SAT를 공부할 필요성이 있을까라는 의문이 내겐 있다. 미국의 상위권 대학들은 더 높은 학업성취도를 평가하기 위해서 AP나 SAT II와 같은 시험들을 따로 요구한다.

그런 정보들은 대학 홈페이지를 방문해보면 어렵지 않게 찾을 수 있다. 만약 미국수능ACT or SAT 외에 더 구체적으로 본인의 우수한 학업능력을 증명하기 원한다면 추가로 AP나 SAT II 시험을 신청해서 보면 될 것이다.

캠퍼스 타운이 되다

팀 선생님과 페이스튼 아이들

캠퍼스 타운이 되다!

2016년 봄, 페이스튼은 더 이상 작고 아담한 캠퍼스가 아니다. 물론 아직도 소수정예 수업을 유지하기 위해 학생수를 조율하고 있지만 겨자씨만하던 페이스튼이 어느새 성장해서 새가 깃들고 동물들이 침거하는 큰 나무가 되었다. 실 평수 500평 건물 하나로 시작했던 것이 엊그제 같은데 이제 400평 규모의 건물을 추가로 인수해 초등관을 개설하고 또 하나의 3층 별관을 인수해 기숙사 시설을 완비했다. 그 밖에 교사 숙소 및 기타 행정 시설을 준비해 이젠 작고 아기자기한 캠퍼스 타운을 형성하게 되었다.

캠퍼스 타운이 되다

그 누구도 페이스튼이 이렇게 빠르게, 이렇게 큰 규모로 성장하리라곤 생각하지 못했을 것이다. 교사 52명, 학생수 160명, 학부모 300명, 이제 다 함께하는 학교 축제와 같은 행사를 진행하기 위해서는 500명 이상을 수용할 수 있는 대강당이나 공연장을 대여해야만 하는 상황이 되었다. 참으로 놀라운 성장이 아닐 수 없다.

페이스튼 캠퍼스 타운!

페이스튼은 단순히 규모만 성장한 것이 아니라 지난 몇 년간 내실을 다지기 위해 수많은 노력을 기울였다. 그 결과 페이스튼은 2012년 가을학기 국제기독학교연맹ACSI의 멤버 학교로 등록이 되었으며 2014년 10월에 미국수학능력평가ACT 시험센터 인증Center code: 873980을 받게 되었다. 이에 매년 5회 치르는 미국수학능력평가ACT를 학교에서 직접 진행하게 되었다.

또한 페이스튼은 미국 칼리지보드로부터 정식으로 학교인증School code: 682398을 받았으며 AI Accreditation International와 NCPSA National Council for Private School Accreditation 인증 Candidate 과정에 있는 우수한 교육기관이다. 이로 인해 페이스튼의 졸업생들은

미국뿐 아니라 세계 최우수 대학들로부터 교육의 질과 권위를 인정받는 명문학교의 자격을 갖추게 되었다.

우연일까 아님 기적일까?

페이스튼은 4회 졸업생이 나오면서 분당과 수지 지역에 알려지게 되었다. 2015년 4회 졸업생 전원이 버지니아대, UCLA, 워싱턴대, UIUC, 와세다대, 미시건대, 퍼듀공대 등 세계 최우수 명문대학에 합격했다. 이를 계기로 여러 방송사조선일보, 국민일보, 경기신문, 머니위클리의 취재 대상이 되었으며 2016년 1월, CTS기독방송에서는 페이스튼의 이야기를 다큐멘터리로 제작하여 방영했다. 그리고 더 놀라운 것은 2016년 6월 현재, 제 5회 졸업생 또한 미국 및 캐나다 최고의 대학으로부터 전원이 합격 통지서를 받은 일이다.

*페이스튼 5회 졸업생 (Class of 2016)
Rutgers University 의대, 약학박사 과정 총장 장학금 합격!
University of British Columbia 합격!
MCPHS University 약학박사 과정 합격!
University of Waterloo 수학공학 합격!

University of Georgia 비즈니스 과정 장학생 합격!

University of Missouri Columbia 저널리즘 합격!

Texas A&M University 공과대학 합격!

University of California Davis 합격!

University of Washington Seattle 합격!

Ohio State University 비즈니스 합격!

UIUC Biochemistry 합격!

St Louis College of Pharmacy 약학박사과정 합격!

Indiana University Bloomington 저널리즘 합격!

Penn State University 비즈니스 합격!

University of Rhode Island 약학박사과정 합격!

University of Arizona 비즈니스 합격!

Michigan State University 합격!

University of Minnesota Twin Cities 저널리즘 합격!

Stony Brook University 합격!

University of British Columbia 합격!

Waseda University 합격!

페이스튼 5회 졸업생 미국과정 9명의 학생 전원이 미국과 캐나다 최상위 명문 대학에 합격의 영광을 안았다. 참으로 대단한 결과가 아닐 수 없다. 왜냐하면 페이스튼은 대원외고나 민사고와 같이 우수한 아이들만을 선발한 것이 아니기 때문이다.

2016년 페이스튼 졸업생들

물론 요즘은 우수한 아이들이 페이스튼으로 많이 몰리고 있지만 지금도 페이스튼은 우수한 아이들만 선발하는 학교가 아니다. 페이스튼은 심층면접을 통해서 바른 인성과 가치관을 가진 아이들을 선발하고 있다. 지금은 아직 학력적으로 부족하더라도 발전 가능성이 있는 아이에게는 기회를 주고 있다. 그런데 대체 무엇이 이토록 놀라운 결과를 낼 수 있는 비결일까?

혹자는 운이 좋았다고 이야기를 하기도 하지만 운만으로 좋은 결과가 매년 반복되는 것은 불가능하다. 무엇인가 원인이 있기 때문에 결과가 있다고 보는 것이 논리적이다.

나는 페이스튼 성공의 가장 큰 비결은 '자신감'이라고 생각한다. 페이스튼의 교사들은 할 수 있다고 생각하고 페이스튼의 아이들 또한 할 수 있다고 생각하고 도전한다. 만약 실패한다면 우리는 바로 일어나 도전하는 것을 주저하지 않는다. 그리고 그 자신감의 비결은 바른 신앙교육과 인성교육에서 찾아볼 수 있다.

페이스튼은 단순히 교사를 교육하고 학생들을 지도하는데 그치지 않는다. 교사 및 학생 교육 못지않게 부모교육에 많은 에너지를 쏟는다. 왜냐하면 부모와 아이의 좋은 관계는 교육에 있어서 가장 중요한 요소이기 때문이다. 자존감이 결여되거나 자신감이 없는 아이들의 대부분은 부모와의 관계가 좋지 않은 걸 어렵지 않게 알 수 있다.

페이스튼은 매 학기 5~7주 과정의 부모교육 시리즈를 진행한다. 이를 통해 부모들이 가정에서 아이들과 바른 관계를 맺고 올바른 훈육을 할 수 있도록 돕는다. 부모가 먼저 변해야 아이를 변화시킬 수 있다. 무엇보다 부모와 교사가 같은 가치관을 가지고 아이들을 일관성있게 교육한다면 자녀 교육이 성공할 확률은 매우 높아진다. 시간이 지남에 따라 아이들은 안정되어 가고 자신감을 회복할 것이다. 그리고 아이들은 세상을 향해 나아가고 열정적으로 도전하게 된다.

위에서 언급한 바와 같이 페이스튼 학생들은 대부분 좋은 대학에 입학을 하고 있다. 대학 이름만 들어도 한번쯤 들어봤을 명문 대학들이다. 하지만 우리는 대학을 목표로 아이들을 교육하지 않았다. 그렇기 때문에 결과에 크게 연연하지도 않는다.

아이들이 자랑스럽고 대견스러운 것은 사실이지만 우리는 항상 페이스튼 아이들에게 대학은 최종 목표가 아니고 종착점도 아니라는 것을 가르쳐왔다. 대학도 그저 삶의 한 과정일 뿐이다. 우리는 페이스튼 학생들이 대학에서 '큰 배움'을 얻어 더 넓은 세상에 나아가, 많은 이들을 이롭게 할 수 있는 진정한 지성인들로 성장하기를 기대한다.

교육, 눈물, 그리고 비전!

페이스튼은 매 학기 더 튼튼하게 성장하고 있다.

나는 많은 사람들로부터 왜 이렇게 비효율적으로 학교를 운영하는지 묻는다. 너무 많은 교사를 고용하고 너무 많은 시간을 아이들과 보내는 모습이 낭비처럼 보이고 비효율적으로 보여질 수 있다. 하지만 난 아이들에게 쏟는 에너지가 낭비일 수 있다는 생각을 해 본 적은 단 한번도 없었다. 2명으로 한 반을 구성하고 담임선생님과 보조교사까지 채용하는 것은 페이스튼에서 흔한 일이다! 한 반에 7명~13명을 구성하고 각 과정의 전문가들을 배치한다. 찬양 목회자, 인성 목회자, 성경담당 목회자를 정직원으로 고용해서 인성교육에 올인하는 것, 이것은 비효율적인 것이 아니라 페이스튼의 가치와 교육의 진수를 보여주는 '페이스튼 스타일'일 뿐이다.

난 재정의 여유가 생길 때마다 늘 교육환경, 도서관, 커리큘럼에 투자한다. 물론 아직도 부족한 점이 많이 있지만 더 질 높은 교육을 제공하기 위해 쏟은 정성과 에너지는 페이스튼 아이들의 표정에서 찾을 수 있다.

교장으로서 난 요즘도 매일 밤 10시까지 남아 아이들을 가르치거나 학부모 세미나를 인도하곤 한다. 물론 이제는 다른 누군가에게 맡겨도 될 일이다. 하지만 내가 원해서, 즐거워서 하는 일이다. 아이들 그리고 학부모들과 소통하며 매 학기 울고 웃으며 난 교육이 무엇인지 배우고 있고 순간순간 깨달음을 얻고 있다.

어렸을 때부터 강인하게 성장해서 그런지 난, 눈물 흘리는 것을 좋아하지 않는다. 하지만 학교를 운영하면서는 정말 많이 울었다. 슬퍼서 울기도 했지만 감사의 눈물이 더 많았다. 아이들이 변하는 모습, 가정이 회복되는 모습, 열정적인 교사와 비전을 나누면서 감동의 눈물을 흘렸던 기억도 많다. 우리 학교엔 아이들을 사랑하는 목회자, 교사, 운영진들이 수도 없이 많다.

난 참 행복한 사람인 것 같다. 뜻이 맞는 사람과 같은 꿈을 꾸고 같은 곳을 향해 나아갈 수 있다는 것 자체가 나를 무척이나 행복하게 만든다.

내 꿈은 대한민국에 페이스튼 같은 학교 100개를 설립하는 것이다. 큰 꿈이고 실현 가능할지는 아직 미지수이다. 하지만 시작이 반이라고 했다. 시작했으니 이제 도전하면 가능성은 있는 일이다. 진정 페이스튼과 같은 학교가 전국에 세워져서 무너진 교우관계, 사제관계, 가족관계가 회복될 수 있다면 얼마나 행복할까? 내가 누리는 행복과 기쁨을 다른 사람들과도 나누고 싶다.

난 사람을 사람답게 하는 것이 교육이라고 생각한다.

배려할 줄 아는 아이, 아픔을 공감할 수 있는 아이, 부모를 공경하는 아이, 다른 이들과 나눌 줄 아는 아이, 배움에 대한 열정이 있는 아이, 사랑이 많은 아이가 바른 세상을 만든다. 교육은 우리에게 마지막 남은 희망이다. 바른 교육을 받은 아이들이 세상으로 쏟아져 나와야 한다. 정치, 경제, 문화, 외교, 그 외 모든 분야에 사랑과 섬김의 자세로 무장된 지성인들이 자리를 잡아야 시들어가는 우리 사회에 소망을 품을 수 있을 것이다.

29세, 청년의 나이, 난 3명의 학생과 공부를 시작했다.

어느새 그 작은 모임이 이제 페이스튼 기독국제학교Fayston Preparatory School라는 듬직한 교육공동체로 성장했다.

"Stay Hungry, Stay Foolish!"

스티브 잡스가 남긴 말이다. 지극히 바보 같은 도전이었지만 지나고 보니 가능한 도전이었다. 그리고 그 도전은 진행형이다. 멈추지 않는 도전, 이 도전은 내 심장이 뛰는 소리가 들리지 않을 때까지 계속될 것이다. 부디 내 삶의 이야기가 당신의 마음을 흔드는 도전이 되었기를 바라며….

사람은 언제 행복할까?
많은 소유 vs. 행복한 관계

모든 사람은 행복을 추구한다.

그리고 많은 사람들이 그 행복을 소유에서 찾는다.

Much food!

Great wealth!

Diamonds!

이런 생각은 아이들에게도 어렵지 않게 전달이 된다. 수많은 아이들이 꿈을 물어보면 돈을 이야기한다. 또한 이 시대 아이들은 돈이면 뭐든지 할 수 있을 거란 믿음을 가지고 있다.

난 아이들의 생각이 잘못됐다고 탓하고 싶지 않다. 소유를 통해 행복을 추구하는 것이 나쁜 것만은 아니기 때문이다. 그리고 아이들이 단순히 많이 가지려고만 하는 것은 아니기 때문이다.

"왜 돈을 많이 벌고 싶은데?"

"돈을 많이 벌어서 부모님께 효도하고 싶어요!"

"엄마, 아빠를 행복하게 해드리고 싶어요!"

"큰 집을 짓고 가족과 함께 살고 싶어요!"

"아프리카 아이들을 돕고 싶어요!"

아이들은 돈을 많이 벌어서 가족과 함께 행복하게 살고 싶어 한다. 그리고 어떤 아이들은 어려운 사람들을 돕고 싶어한다.

문제는 아이들이 아니라 아이들이 살고 있는 사회이다!

작게는 우리 가정이, 학교가, 도시가, 나라가 병들어 있기 때문에, 우리 아이들이 품은 꿈이 쉽게 훼손된다는 것이다. 선을 행하고자 해도, 경쟁에서 이겨야 하고 이기적으로 행동해야만 피해를 보지 않는 병든 사회 구조 속에서, 우리 아이들도 병들어가는 것이 문제다. 착한 마음을 지킬 수 없는 가정, 학교, 사회 속에서 아이들의 감수성은 메말라가고 선한 양심은 시들어간다.

좋은 가정!

좋은 학교!

좋은 사회가 절실하다!

좋은 가정은 '공부 좀 못한다고' 아이들을 못살게 굴지 않는다.

좋은 학교는 '명문 대학을 목표로' 아이들을 공부하는 기계 취급하지 않는다.

좋은 사회는 '실패를 반복해도' 도전을 응원하고 또 다른 기회를 허락해 준다.

그렇다면 우리는 어떻게 좋은 가정, 학교, 사회를 만들 수 있을까?

답은 간단하다!

솔선수범!

어른 된 우리가 먼저 교육에 대한 바른 정의를 내리고 아이들을 지도하면 된다.

눈치보지 말고 우리 가정에서, 우리 학교에서 먼저 시작하면 된다!

아들아! 딸아!

네가 공부하는 이유는 돼지같이 잘 먹고 잘 살려고 하는 것이 아니란다! 좋은 대학에 들어가서, 좋은 직장을 얻어서, 편하게 잘 먹고 잘 살다가 아무 의미 없이 삶을 마감하는 것이 아니란다!

아들아! 딸아!

네가 공부하는 참된 이유는 가난한 자를 먹이고 소외된 자를 위로하며 모든 사람에게 선을 베풀기 위함이란다. 그렇기 때문에 교육의 목적은 소유가 아니라 관계의 회복이란다!

아들아! 딸아!

그러니까 이제부터

"배워서 남 줘라!"

가현진

Daniel K. Paxitzis
페이스튼 기독국제학교 교장

국내 최고의 신생명문, 페이스튼!

이곳의 최대 강점은 실력과 인격을 겸비한 교사를 전략적으로 배치하는 것이다. 학교는 사업체가 아니라 공동체라는 다니엘 교장선생님의 신념과 투지가 있어서 가능했을 것이다. 사람을 세우는 것이 나라를 살리는 것이라는 소명의식은 교사들과 일심동체로 페이스튼을 이끄는 8기통 엔진이다.

이곳은 아이들의 인성과 실력을 함께 키운다. 공교육의 틀을 벗어나 인성을 키우는 좋은 대안학교들은 많이 있다. 또, 경쟁을 거친 소수의 실력을 키우는 특목교도 많다. 페이스튼은 마치 특목교처럼 실력을, 대안학교처럼 인성을 키우는 최고의 '기독국제학교'이다. 반듯한 졸업생들의 대입결과가 이를 증명한다.

또한, 이곳은 건강하게 성장하는 학교이다. 학생, 부모, 교사가 한마음으로 7년째 쑥쑥 커온 신생명문학교이다. 놀라운 학교라는 입소문과 조선일보, 국민일보, CTS 등의 기사는 '작고 강한 학교'에 대한 우리 사회의 바람과 관심을 보여준다. 나는 페이스튼 아이들이 대한민국을 바꿔나갈 것을 확신한다.

안희환
기독교싱크탱크 대표

페이스튼은 어떤 학교인가요?

가슴 속에 늘 지니고 있던 생각을 이런 기회에 표현하게 되니 무척 기쁩니다. 작년 4월 은하가 페이스튼에서 첫걸음을 시작했을 때, 마치 안개가 낀 길을 걷고 있는 것 같았습니다. 전 과목을 영어로 1주일 배우고 나서 곧바로 치른 중간고사의 충격. 6주 후에 맞이한 여름방학의 무기력함. 작년 6월 은하는 생애에서 가장 힘든 침체기를 보냈습니다.

그러나 교장선생님께서 헌신하셨던 여름 ACT 특강을 통해서 은하는 점차 자신감을 얻으면서 다시 일어서기 시작했습니다. 이렇게 바닥을 치고 다시 우뚝 일어서는 은하를 보면서, 그리고 선생님들과의 만남을 통해서 우리는 점차 페이스튼을 좋아하게 되었습니다.

페이스튼의 독특한 힘은 기독교 신앙을 가진 열정적인 선생님들이 학생들을 자식들과 동생들처럼 사랑하는 데서, 그들을 전폭적으로 신뢰하는 데서, 또한 아주 친밀한 사제관계에서 비롯된다는 것을 알게 되었습니다. 시간이 지나면서 저희 부부도 학교를 신뢰하게 되었고, 은하가 자기 꿈을 이루어갈 수 있을 것이라는 확신도 갖게 되었답니다. 이것이 페이스튼의 장점들 중에 제일 먼저 말하고 싶은 것입니다. 페이스튼에 하나님의 은총이!

Soli Deo Gratia. - 12학년 은하 엄마

페이스튼, 착한 곳입니다. 사람들이 착한 곳입니다. 다니엘 교장이 차곡 차곡 만들어 가고 있습니다.

- 오삼천 총감님

"OO과목 시험을 못 봤는데 선생님이 자기 일처럼 걱정 하시대요. 그래서 공부 좀 해서 성적을 올렸더니 선생님이 뛸 듯이, 진심으로 기뻐하시는 거예요"

페이스튼에서 첫 시험을 치른 후 아들이 전해준 이야기입니다. 얼핏 들으면 저것이 무슨 이야깃거리일까 싶은 사소한 내용이었습니다. 하지만 뭔가 신기한 것을 본 듯, 약간은 얼떨떨한 표정의 아들을 보고 저는 깨달았습니다. 뛸 듯이 기뻐하시는 선생님을 뵌 순간, 아들의 가슴에는 '진심'이란 추상 명사가 형상을 갖춘 구상 명사가 되어 깊이 아로새겨졌음을. 이제 고 2, 아들은 17년을 학교라는 울타리 속에서 살았고, 저는 학부모라는 이름으로 덩달아 그 울타리를 기웃댔습니다. 전혀 특별할 것 없는 학생과 학부모로 지극히 일반적이고 일상적이고 평범한 시간을 보냈지요. 가끔은 지루하기도 했습니다. 그런데 지난 1년간의 페이스튼 생활은 전혀 달랐습니다. 진심, 사랑, 행복, 꿈 같은, 천만번 듣고 말해왔지만 뭐라 딱히 정의할 수 없었던 단어들이 구체적으로 눈에 보이고 곁에서 느껴지는 신기한 경험을 하게 됐으니까요. 많은 분들과 이 특별함을 페이스튼에서 함께 나누고 싶습니다.

- 강성희 (김현민 모)

제가 대니얼 교장선생님을 처음 만났을 때, 그는 두려움이 없었고, 교육에 관한 대화 때 빛났고, 틈틈이 메모했습니다. 학교는 놀라운 속도로 성장했지만, 그의 모습은 변하지 않았습니다. 저에게 페이스튼은 네버랜드이고, 그는 꿈을 실현시키는

피터팬입니다.   – 오애리 한국어 선생님

　　페이스튼은 아이들이 아침을 설레임으로 여는 학교입니다. 아이들 본인이 특별한 존재임을 느끼고 행복하다고 자주 이야기합니다. 쉽지 않은 공부, 언어를 성취하도록 끝까지 밀어주는 좋은 선생님. 멘토와 친구가 있고! 규율을 통해서도 사랑 받고 관심 받고 있다는 마음을 갖게 되는 학교! 방학이 되면 축제가 끝난 것처럼 아쉬워하는 아이들 표정. 긴장감, 기대가 있는 이 곳. 우리 아이들은 페이스튼을 많이 자랑스러워 합니다. 이곳으로 불러주신 하나님께 감사한 것 밖에 없습니다.

– 5, 8학년 유진, 선진 맘~^^

　　페이스튼 입학 전에, 다니엘 교장선생님과 세 번의 상담을 하며 이 분은 참으로 다른 사람의 말을 경청하여 주시는 분이라는 생각이 들었다. 아이 셋이 입학하고 보니 선생님들도 역시나 아이들 말 한마디 한마디를 경청해 주시고 존중해 주시는 모습을 볼 수 있었다. 훈계와 꾸중보다는 아이를 믿어주고 격려해주는 학교에서 우리 아이들의 꿈과 미래가 쑥쑥 자라나고 있음이 매일매일 감사한다.   – 이유경

　　다니엘 교장선생님의 삶이 축복의 통로가 되셨음을 느낍니다. 페이스튼은 흔들리지 않는 주님의 사랑과 열정을 담은 다니엘 교장선생님과 우리 모두의 꿈과 비전의 천국과도 같은 학교입니다. 나의 성공을 위해 학습하는 학교가 아닌, 하나님이 만드신 세상에서 다 함께 행복을 만들어가는 진정한 교육을 꿈꾸는 학교임을 확신합니다!

– 6학년을 마치며 Esther Mom

페이스튼은... 알렉스와 저에게 마음에 문을 열수 있는 믿음을 주었고, 사춘기인 아들에겐 더 없는 기쁨을 주었습니다. 이런 걸 어디서 배우고 살수 있겠습니까. 참된 교육이란 부모와 스승에 대한 믿음과 신뢰라고 생각합니다. 존경하는 마음이 생길 수 있는 바른 인성 교육, 그것이 저희에겐 최고의 선물입니다.   - 9학년 알렉스 모

페이스튼은 저에겐 아주 소중한 인연인 것 같습니다. 이 학교에 온 후 미래에 대해 더 자주 생각하고 공부도 중요하지만 꿈의 소중함을 깨달았습니다. 음... 그리고 예수님과 접하게 되어서도 좋은 것 같습니다!! 페이스튼 사랑해요!   - 8학년 채나

페이스튼은 여호와를 경외하는 것이 모든 지혜의 근본인 것을 아는 학교입니다. 페이스튼은 학생 한 명 한 명을 소중하게 생각하는 학교입니다. 페이스튼은 기다려주는 학교입니다. 학생들이 스스로 깨닫고, 스스로를 변화시키고 성장할 수 있을 때까지 기다려주는 학교입니다. 페이스튼은 배우는 것의 즐거움을 다시 회복시켜주는 학교입니다.   - 예림 수림이 엄마

페이스튼!
'주의 말씀은 내발에 등이요 내 길에 빛이니이다'
아멘!
말씀의 성취이며 기도의 응답입니다.   - 근선 모

순수하고 밝은 표정으로 공부하는 아이들과, 기도로써 협동하고 열정적으로 가르치는 선생님들을 볼 때마다 이 학교를 주님께서 축복하시고 함께하고 계시다는 걸 느끼고 있습니다.

- 황금길 행정 선생님

학교가 즐거운 공간이 될 수 있다는 걸 알게 해준 페이스튼! 선생님의 무관심과 친구들과의 문제로 어려움을 겪던 아이가 페이스튼에서 너무나 행복하게 놀며 공부하고 있답니다. 스스로 문제를 해결할 수 있도록 멘토가 되어주시며 건강한 자신감을 갖도록 지지해주시는 선생님들이 계셔서 늘 든든합니다.

- 우민철 모

페이스튼은 제게 있어선 인생의 전환점인 곳이에요. 고등학교 1학년 후반까지 성적도 안 나오고 반에서 좀 겉돌다 크게 마음먹고 학교를 옮겨왔는데, 이것을 계기로 성적도 많이 올라가고 제가 오랫동안 가진 꿈 또한 이룰 수 있다는 확신이 들었죠. 성격 또한 변해서 어찌 보면 여태까지 숨어있던 진정한 저를 찾은 그런 곳이에요.

- 11th Gabriel Kim

페이스튼 학교는... 제 2의 가정이란 생각이 듭니다. 공부에 시달려 시름시름 아파가며 본인의 꿈조차 없이 찍어내는 듯한 학교가 아니라 함께 큰소리로 웃고, 함께 꿈을 꾸고, 함께 격려하며 서로의 다름을 인정하며 기쁨을 얻고, 선생님들의 사랑과 삶을 배우며 맘껏 성장하며 맘껏 행복해해도 되는 제 2의 가정... 아이들이 행복해하니 부모인 저희들도 행복한 공동체 페이스튼! 홧팅입니다. ^^   - 9학년 크리스 맘

241

한국에서 처음으로 학교생활을 하게 될 민상이를 위해 신중하고 또 신중한 결정을 해야 했던 4년 전.. 그러면서 만난 페이스튼 교장선생님.. 지금 생각하면 하나님이 하시는 일이 놀랍고, 또한 만들어주신 그 인연에 눈물나리 만큼 감사함 맘입니다. 학교의 놀라운 성장 뒤에 교장선생님과 교직원 여러분들의 노고가 있음을 잊지 않고 항상 학교 발전을 위해 기도 드리겠습니다. 앞으로도 부모와 아이가 함께 행복한 학교 만들어주세요~~^^ 정말 감사합니다.   - 11학년 선 맘

경쟁과 획일화 속에서 지치고 방황하는 아이에게 새로운 비전과 사랑을 보여준 페이스튼과 선생님들! 감사하고 응원합니다

그리고 요건 부록으로..

페: 페스티벌처럼 즐거운 학교

이: 이 세상을 밝히는 등불이 되는 학교

스: 스스로 생각하고 스스로 공부하는

튼: 튼튼한 몸과 마음을 길러주는 학교

- 페이스튼 7학년 학부모

여기엔 강한 끌림이 있다.

상담 중 공감되는 부분이 100프로 찾아지게 되며 아이들이 바른 가치관으로 진로가 명확해짐을 알 수 있다. 내가 이상적으로 바래왔던 교육이다

- 10학년 상우 맘

페이스튼이 펠릭스토라는 이름이었을 때부터 다녔는데 학교랑 생일도 같고 학교가 성장하고 더 커질수록 저도 같이 성장하고 성숙해지고 힘든 일과 좋은 일을 함께 겪었던 학교이기 때문에 정말 가족 같고 사랑하는 곳이에요♡♡♡♡♡♡

감사합니다. 그날 저를 받아주셔서요 ㅋㅋㅋ   - 11th Robin Woo

분명 '기회의 땅'에서 경험을 쌓고, 견문을 넓히기 위한 준비를 하러 페이스튼의 문턱에 발을 디뎠었다. 하지만 이 작은 공간은 나에게 이미 충분히 많은 견문을 넓혀주고 경험을 쌓게 해주고 있는 것 같다. 만약 내 인생 이야기를 책으로 출간한다면, '페이스튼 입학'을 챕터 하나에 담고 싶다.   - 11학년 X-RAY

페이스튼 5회 졸업생 고재원이라고 합니다. 저는 점수로 사람을 판단하고 차별하는 한국 교육에 지쳐 페이스튼으로 전학을 오게 되었습니다. 처음 왔을 때, 공부를 잘하든 못하든 학생들을 사랑해주시는 선생님들을 보고 깜작 놀랐습니다. 아직 실감은 나지 않지만 이제 전 페이스튼을 떠나야 합니다. 페이스튼에 계신 이런 멋지고 사랑 많으신 선생님들을 다시는 만날 수 없을 것 같아 슬픕니다. 선생님들 덕분에 저는 최선을 다해 학업에 집중할 수 있었습니다. 그리고 미국의 최상위 저널리즘 스쿨(랭킹 1위, 2위, 6위 대학)에 모두 합격하는 영예를 안았습니다. 저는 상상할 수도 없는 행복한 고민을 하면서 졸업 할 수 있었습니다. 제가 이런 공동체를 다시 만날 수 있을까요? 공부는 경쟁에서 이기기 위해서 하는 것이 아니라 자신의 꿈을 위해서 하는 것이라 배웠습니다. 또한 공부 자체가 인생의 전부가 될 수 없다는 것을 깨닫게 해주신 교장선생님께 진심으로 감사 드립니다. 페이스튼에서 최고의 된장찌개를 맛본 저는 그 맛과 같지는 안더라고 비슷한 맛을 낼 수 있는 사람이 될 수 있도록 노력하겠습니다. 무엇보다 이런 본이 되는 공동체를 만들어주심에 고개 숙여 감사 드립니다. 열심히 하겠습니다.

- 5회 졸업생 고재원

제 인생의 후반 전에 기대치 못했던 페이스튼과 다니엘 교장샘과의 만남은 더 크고 놀라우신 하나님의 역사를 바라보게 하시는 시간이 되고 있습니다. 척박한 이 땅의 교육 현장 가운데 하나님의 사람들을 키워가시려는 계획하심과 인도하심이 교장선생님과 페이스튼을 통해 아름답게 펼쳐지고 있음에 감사를 드립니다. 또 부족한 제게도 기도와 사랑으로 함께 섬김의 은혜를 주시니 감사할 뿐입니다. 하나님의 마음을 시원케 하는 공동체로 그 길을 앞장 서 가시는 교장선생님을 응원하고 축복합니다.

- 이아성 'Anna' 선생님

Fayston is a place that embraces all those who come. It is a place where people feel safe, feel strength, feel faith and hope, and most of all, feel love. Fayston teachers, staff, and beloved students have become a big part of my heart in ways words cannot describe. These phenomenal souls who have helped me learn and grow, not just as an educator, but as a person emotionally and mentally. My heart.. which was once scarred like broken glass.. and closed like a Pandora's box.. has been healing and opening slowly.. each day that I have been with Fayston. I am truly blessed to be surrounded and in the presence of these kind beautiful people each day that

I count my lucky stars each night. Love is from the heart, and in Korea,
my heart beats with Fayston♡

- Ms. Celina 쌤

페이스튼하면 떠오르는 첫인상은 다니엘 교장선생님의 열정과 담대한 자신감 그리고 학교에 대한 비전이고요. 또 하나는 기분 좋은 상상과 창의적 도전 그리고 학생 한 사람 한 사람이 꿈을 꾸고 추구하게 하는 행복한 학교입니다.

우연히 마침 연결되어 영어에 자신이 없고, 공부를 집중해서 한적이 없는 5학년 유진이와 8학년 Julia는 조건부 입학을 했는데 선생님들의 격려를 통해서 언어에 대한 자신감과 자기주도적 학습이 이루어지면서 성적우수를 받게 된 것은 작은 기적과 같습니다.

우리아이들에게 영어라는 불가능에 가까웠던 장벽이 페이스튼의 선생님들을 만나면서 훌쩍 뛰어넘을 수 있는 선물이 되었고, 새로운 언어(중국어)에 대해서도 두려워하지 않고 도전하게 되었습니다. 페이스튼 화이팅입니다~♡

- 유진 Julia 아빠 김수봉

나에게 페이스튼이란? 내가 학생이라면 꼭 다니고 싶은 학교. 내가 교사라면 꼭 일하고 싶은 학교. 내가 부모라면 꼭 보내고 싶은 학교. 좋은 학생, 교사, 부모가 모이는 건강한 학교입니다.

- 윤희범 음악 선생님

페이스튼 우리 학교는요.

먼저, 인생의 중심을 하나님 앞에 두고 아이들과 학부모 그리고 교사들이 함께 기도하고 동역하며 교육하길 소망하고 실천해 가는 믿음의 공동체입니다. 맡겨주신 자녀들의 개성과 다양성을 인정하고 성장의 과정마다 겪는 고민과 문제들을 자녀들이 건강하게 부딪히며 스스로 단단히 서가길 기다려주려고 합니다. 그리고 무엇보다 교장선생님의 29세 젊은 청년의 스토리와 품고 계신 비전이 아이들에게 도전이 되고 꿈이 되는 학교입니다. 그래서 페이스튼을 즐거워합니다.   – 홍재의 모

    페이스튼의 참된 장점은 하나님이 주인 되신 학교이고 진짜 기도하는 교장선생님과 목사님이 계신다는 것입니다. 처음 학교에 왔을 때 겉 모습을 보고, 미흡한 초등 시스템을 보고 솔직히 약간의 갈등을 하기는 했지만 하나님께서 학교와 다니엘 교장선생님을 사용하신다는 확신에 아이를 학교에 보낼 수 있었습니다. 2년 동안의 학교 생활 속에서는 당연히 문제와 갈등은 있었답니다. 하지만 그 문제를 통해서 더욱더 확신하게 된 것은 하나님이 이 학교를 사용하고 다니엘 교장선생님을 너무 사랑하신 다는 것이었습니다. 왜냐면 페이스튼은 복음과 실력으로 무장된 그리스도의 군사를 양성하는 곳이기 때문입니다. 훗날 우리 아이들이 전 세계 곳곳에서 그리스도의 빛을 발할 그 날을 기대해 봅니다.   – 4학년 여준이 엄마

    페이스튼은 어떤 학교냐면요~ 전에는 시험, 학교 적응으로 부담감 때문에 걱정이 앞섰었는데 학교는 재미있고 자유롭고, 내일에 대한 염려, 걱정이 없어요. 그냥 공부는 하면 되고 학교 가는 것이 행복해요.   – 8학년 김선진

    뱃속부터 기도로 키워 온 내 자식을 의심 없이 온전히 맡길 수 있는 건강한 학교를

만들어 주시고 교육에 대한 열정과 올바른 신념으로 믿음과 신뢰를 주시는 교장선생님께 무한 감사 드립니다. 사랑하고 존경합니다.

- 미아 맘

아이들의, 아이들에 의한, 아이들을 위한 학교가 페이스튼인 것 같습니다. 항상 든든하게 섬겨주시는 모든 선생님들께 감사하다는 말론 부족한 것 같아요. 감사합니다.

- 지웅 모

「교육의 열정이 넘치는 학교」 - 12학년 이용현

페이스튼은 한 아이를 그 아이답게 성장하고 발전할 수 있게 도와주시는 교육을 하는 제가 아는 유일한 학교 또 우리 아이들이 진실된 사람들과 진심으로 신뢰를 쌓는 법을 배울 수 있는 학교입니다. 감사합니다.

- Anthony Mom

Fayston Preparatory School is like a Wonderland to me. Yes, I do mean the Wonderland where Alice is the main character. In this school, there are unpleasant surroundings like shrinking and growing huge just like when Alice drank from a strange glass bottle. There are strange characters and events; you will see that one day a room is the Principal's Office and on the next day, it is an ordinary classroom. Then, where would you find the Principal's office? ^^ Well, that question just turned you into Alice. Welcome to FPS Wonderland! Fayston is a place that gave me myriad of opportunity to train myself. Every semester I would want to escape from my daily tasks, but for some reasons, there is an unseen attraction that keeps me a part of the FPS family. I can't say that every moment was pleasant and joyful, but I know that there are people who genuinely care for you who will help you finish your quest to learning more about God's love.

- Mrs. Ki Kim

페이스튼은 어떤 학교인가? 영성과 지성과 겸손까지 겸비한 교장선생님이 계시고 사랑으로 기도하시는 목사님들이 계시고 열정으로 가르치시는 선생님들이 계신 학교. 무엇보다 하나님이 살아계신 학교입니다.

- 1학년 저스틴, 8학년 에이브, 10학년 줄리아노 맘

처음 페이스튼을 방문할 때 일반적인 학교에 비해 부족한 시설에 망설였습니다. 두 아이가 일년동안 다닌 지금 그 부족함은 모두 감사의 제목으로만 남아있습니다. 영국의 시인 브라우닝은 '행복한 가정이란 미리 누리는 천국'이라고 했나요?! 페이스튼은 '미리 누리는 천국학교'입니다.^^

- Connie & Sean's family

4년의 시간 동안 다빈이는 영적으로 인격적으로 다듬어지는 시간들이었습니다 그렇게 더불어 함께 울고 웃고 기뻐하며 신뢰를 만들어 가는 시간 동안 페이스튼을 축복하고 동행하시는 주님을 느낄 수 있었습니다. 교장선생님께, 페이스튼에게, 머리 숙여 감사와 사랑을 전하고 싶습니다. 감사합니다.

- 우다빈 맘

나에게 페이스튼이란 변화, 전환점, 하나님께서 주신 선물, 하나님께서 살아계시다는 증거이다. 나는 평범했고 매일 똑같은 하루하루를 보냈다. 난 변화를 원했지만 또한 두려워했다. 하지만 하나님께서는 날 포기하지 않으셨고 끈질기게 날 이 학교로 보내셨다. 나는 다시 한번 하나님은 살아계신다는 것을 이 곳에 오면서 다시 한번 느꼈다. 이 곳은 우연이라 하기에는 너무 이상할 만큼 내 변화에 필요했던 조건을 모두 갖추고 있었기 때문이다. 페이스튼은 날 변화시켰고 전환점을 스스로 만들 수 있게 하였으며 장애물들을 모두 제거해주었다.　　　　　　　　　　- 7학년 이범수

5년 전 교장선생님을 처음 뵈었을 때 제자훈련에서 저녁 늦은 시간까지 중고등부 아이들과 함께 동그랗게 앉아 아이들의 고민을 들어 주시고 함께 기도해주시는 모습을 보았습니다. 그런 모습에 한번의 망설임 없이 페이스튼에 두 아이를 모두 보냈습니다. 그 곳에서 변화하는 모습을 보며 하나님께 매일매일 감사한 마음이 들었습니다. 다시 한번 이곳으로 인도해 주신 하나님께 감사 드립니다.　　- 정욱, 예진 모

무엇을 상상하든 그 이상의 일들이 일어나는 곳.
그리스도의 사랑으로 서로를 섬기는 곳.
삶의 태도와 가치관을 변화시키는 진정한 교육이 실현되는 곳.
페이스튼과 함께함이 기쁨입니다.　　　　　　　　　　- Ryan. H's Mom

지금도 다니엘 교장선생님과의 첫 미팅이 생생합니다. 제게 비전을 제시했을 때 가슴이 뜨거워지는 느낌은 잊을 수가 없습니다. 페이스튼은 가슴이 뜨거워지는 곳입

니다. 교사로써 하고 싶은 교육을 마음껏 펼칠 수 있어서 가슴이 뜨거워지고 학생으로써 자신의 역량을 마음껏 발휘 할 수 있어서 가슴이 뜨거워지는 곳입니다. 이런 열정 넘치는 이곳을 저희는 사랑하고 있습니다.　　　　　　 － 송창무 쌤

시현이가 하나님 말씀 안에서 너무나 행복한 학교생활을 하는 모습에 항상 감사한 마음이에요. 저희 부부 페이스튼을 위해 늘 함께 기도합니다~^^ 하나님께 맡기듯 페이스튼에 우리 시현이를 맡기면서 좋은 학교를 만나게 해주심을 하나님께 감사 드립니다.　　　　　　 － 제니퍼 아빠 엄마 올림

모든 선생님, 부모님, 학생 사이에 믿음과 기도와 신뢰가 있어서 하나가 되는 학교입니다. 누구에게나 칭찬과 격려를 아끼지 않은 학교입니다. 열정과 기쁨이 있는 학교입니다. 제가 학생이라면 꼭 한번 다녀보고 배워보고 싶은 학교이기도 합니다! 이곳에서 교육받으면 정말 최고가 될 수 있을 것 같은 그런 학교입니다! 정말 하나님과 함께하는 학교입니다!　　　　　　 － 정선경 초등 체육 선생님

페이스튼! 저의 인생에서 잊을 수 없는! 평생에 잊어서는 안 될 최고의 공동체 입니다. 순수한 아이들이 마음 놓고 뛰어다니는 곳, 사랑스러운 아이들이 넘치는 곳입니다. 교사 한 명, 한 명이 아이들에 대한 믿음과 신뢰, 아이들에 대한 열정과 사랑이 가득합니다. 이 모든 것이 하나로 연결되어 있는, 이 시대가 추구해야 할 최고의 공동체 입니다.　　　　　　 － 이희준 중고등 체육 선생님

아이들의 마음을 읽고 나눌 수 있는 곳이요.

하나님이 주신 아이들의 비전을 볼 수 있는 곳이요.   - 김경민 국어 선생님

페이스튼에서의 삶은 행복을 찾아가는 여정입니다.

열심히 공부하고 힘차게 뛰어 놀며,

관계 속에서 서로 배려하고 감동하며,

때로는 다투기도 하여 상처를 주고 받으며,

그러나 그 상처가 회복되는 과정에서 기쁨을 느끼며,

페이스튼의 가족들은 행복이 우리의 삶 속에 있다는 것을 배우고 있습니다. 치르 치르와 미치르는 행복을 찾기 위하여 힘든 여행을 하였지만, 페이스튼 모든 가족은 서로 의지하며 행복한 여정을 함께 걷고 있습니다.   - 최승원 경영이사

페이스튼은 사랑이 넘치는 곳입니다. 저는 한국에서 교육을 받은 사람이라 이 학교에 처음 왔을 때 놀라웠습니다. 한국에서는 찾아볼 수 없는 자유롭지만 자발적인 분위기 속에서 정말 즐겁게 공부하는 아이들을 만날 수 있었습니다. 저 또한 이런 분위기 속에서 많은 것들을 배우며 페이스튼에서 아이들을 가르치는 순간순간이 너무 즐겁고 행복한 시간들이었습니다. 계속 발전하는 페이스튼을 보면서 더욱 행복한 학생들이 많아 질 수 있다는 생각으로 행복합니다. 페이스튼, 화이팅~♡

     - 강수영 중국어 쌤

믿기지 않는 현실!

서울에서 거처 할 곳도 없이, 현금 40만원을 가지고 상경.

오늘에 이르기까지 이해할 수 없는 수많은 어려움들을 아무런 투정 없이, 원망 없이, 뽐내지 않고, 자랑하지 않고, 오직 주께 의지하여, 진리의 말씀으로 자유하며, 순수한 열정으로 살아가는 모습이 기특하고 자랑스럽고 고마워.

앞으로도 더 깊은 영성을 바탕으로, 맡겨진 사명을 믿음으로 지키고, 지금부터 새롭게 펼쳐질 꿈과 비전을 창대 하게 이루어 나가길 바래.

– 조은숙 권사 (책 속에 등장하는 장모님)

페이스튼은 살아계신 하나님이 함께 하는 학교입니다.

아이들을 소중히 여기고 각자가 가진 은사대로 세상을 쫓아가는 자가 아닌 세상의 리더로 설 수 있도록 모든 선생님들과 학생들이 존중 받고 사랑 받는 행복해지는 학교입니다. 페이스튼의 아이들이 이끌어 갈 다음세대가 기대가 됩니다. 페이스튼 화이팅!

– 김혜경 선생님

페이스튼은 내게, 나를 알게 되고, 너를 알고 싶게 되고, 그렇게 우리를 알아가게 됨으로써 나아가 우리 가운데 인격적으로 관계 하시는 하나님을 알 수 있게 되는 곳 입니다. 또한 그렇게 관계함 가운데 교육하고 배우며 소통하던 것들을 통해 학교에서와 앞으로의 모든 우리 삶에서 하나님과 함께 관계하는 삶이 어떤 것인가를 능히 나타낼 수 있으리라 확신하게 되는 곳 입니다.

– 김용 행정 선생님

Dreams are relative to reality; if you don't have it, you want it, and if you do have it, you just want more of it. And this couldn't be more true as we live in a generation where we take much things for granted, all the while many others only dream of having it. But what Fayston Preparatory School dreams of is so different from what most other schools dream of. We pursue happiness— a strong bond within the community to help and keep each other accountable during times of need. We pursue character — in alignment with faith, moral, perseverance, and godliness. We pursue education — one where we can be well equipped to be the light in the world of darkness. And thhe list just goes on. But what is important is that we all keep on dreaming for our students and striving to make those dreams a reality.

– Justin Park 페이스튼 초등학교 교감 선생님

교장 선생님을 통해 하나님의 일하심이 가슴 벅차게 놀랍습니다. 앞으로 하나님께서 페이스튼을 통해 일하실 일들이 기대됩니다. 하나님 앞에서 두렵고 떨림으로 그분의 뜻을 고민하는 모습을 잃지 않고 더 굳건히 서 나가시기를 기도합니다. 항상 고맙고 존경합니다.   – 정문경 페이스튼 공동 설립자/ 재단이사 및 입학처장

'완벽한 학교는 아니지만, 정직함과 솔직함이 있는 매력이 있는 학교'라는 다니엘 교장의 말처럼 페이스튼은 겉모습만 포장하려는 어리석음을 보이기보다는 부족함을 솔직하게 인정하고 진심으로 아이들을 위해 노력하는 학교입니다. 다니엘 교장과 모

든 교사들이 이러한 마음을 가지고 학교를 단순히 아이들의 좋은 대학 진학을 위한 정류장이 아닌, 언제든지 즐겁게 놀고 공부하며 꿈을 찾을 수 있는 놀이터로 만들어 주기 위해 진심으로 노력하고 있습니다. 우리와 함께 했던 페이스트니언들이 앞으로 세상을 어떻게 바꿔 나갈지 기대하고 있습니다.

– 서유석 페이스튼 중고등학교 교감 선생님

페이스튼은 성경에서 선포된 하나님 나라를 이 땅에 구현하기 위해 하나님이 세우신 배움의 터요, 신의 한수입니다. 이곳에서 예수 그리스도의 장성한 분량에 이르기까지 학생과 교사 스텝, 그리고 목회자들까지 우리는 함께 배우고 성장합니다.

– 소명이 아빠

내가 중고등시절에 페이스튼과 같은 학교를 다녔더라면 얼마나 좋았을까? 시스템 속에 학생들을 가두는 학교가 아니라 공동체 안에서 학생들이 함께 살아가게 돕는 학교, 세상을 쫓아가는 것이 아니라 사람을 사랑하게 돕는 학교, 무조건 암기를 강요하는 것이 아닌 무엇이 옳고 좋은 것인지 생각하게 돕는 학교, 그래서 하나님 안에서 진정한 자아를 발견하게 하는 학교, 인생의 중요한 시절에 이런 학교를 다니는 우리 학생들이 난 참 부럽다.

– 권홍성 페이스튼 재단이사/ 엘듀기독교육연구소 소장

Fayston is a place that openly welcomes people of different background. Fayston is a school that truly cares and fosters each individual. I can proudly say that our school puts a lot of effort into building a strong community and encouraging students to become unique individuals. I am truly blessed to be with great faculty, staff, and students. I hope to nurture great individuals and I find it a privilege to be a part of FPS.

- Elizabeth Park

페이스튼에서 아이의 참된 빛을 찾아 더욱 빛나게 해주셔서 항상 감사 드립니다. 소중한 사랑 듬뿍 받고 더욱 성숙한 사람이 되어 모두에게 큰 뜻을 베풀고 살기를 바랍니다.

- 마성빈 모

수많은 아이들이 학업을 포기하고 목표를 잃어가는 이 시대에 페이스튼이 꼭 필요한 학교가 아닌가 싶습니다. '학교가 즐겁고 재미있어요!' 저희 아이들이 했던 말이에요.

- 페이스튼 두 아이 엄마

Fayston changes people; student and teachers relationships, personal lives, and the way we view the world. That is why we believe that we can change the world, because god has already worked on us through our lives.

- Art teacher, Allison

많은 사람들은 평균 이상의 조건을 갖춘 대상의 접두어 격으로 '꿈의'라는 말을 붙인다. 나 또한 그런 종류의 찬사를 아낄 생각은 없다. 다만 차이가 있다. 단순히 좋은 진학률, 좋은 시설, 비싼 학비의 "꿈의 학교"들은 말 그대로 많은 학생들의 꿈에 서만 머무른다. 이 학교 만큼은 다르다. 누군가의 꿈으로 세워진 페이스튼은 꿈을 가 진 이들의 학교이다. 비전을 가르치고 꿈을 품는다. 오늘을 스스로 결정할 수 있는 힘으로 모두의 얼굴을 삶에 대한 흥미와 행복감으로 물들인것 같다. 이 학교를 알게 된 모두에게 즐거운 충격이 있기를 바란다.

- 11학년 마성빈

Fantastic staffs

Amazing teachers

Young but mature students

Soli Deo Gloria!

The best school in the world

One and the only

Number one Fayston

+

Fayston is the place where...

Parents can feel relieved,

Students can dream big,

Teachers can also learn!

- Ms. Jane

어느 날 입학한지 얼마 되지 않은 자녀의 변화를 보고 충격을 받으신 학부모님이 학교에 찾아오셔서 '저도 바꿔주세요'라고 하셨다. 그 이후 주님과 인격적 만남을 통해 삶과 가정의 변화가 일어나게 되었다. 이런 감동의 스토리가 넘쳐나는 학교! 학교라는 단어만으로는 설명을 다 할 수 없는 하나님 나라의 공동체이다.

- 이종일 페이스튼 재단이사/ 비손교회 담임목사

세상에서 모두가 Yes or No를 가르칠 때 우리 페이스튼은 정답을 알려주는 학교가 아닌 정답을 찾아갈 수 있게 해주는 학교인 것 같다. '왜?'라는 의문과 삶의 다양성 그리고 많은 방향성을 제시하며 그 모든 기준을 하나님으로부터 시작할 수 있게 도와 주시는 세 분의 목사님과 교장선생님 교직원들이 함께 자리잡고 있다. 한 명의 학생을 위해 모두가 고민하고 기도하는 학교! 이보다 더 필요한 것이 과연 무엇이 있을까 생각하게 하는 학교이다.

- 헨리 행정실장

저는 공부에 관심이 없고 꿈도 없이 일반학교를 다니다가 중3때 처음 페이스튼에 오게 되었습니다. 4년이라는 짧은 시간 안에 페이스튼은 영어를 공부해 본적 없던 제가 모든 수업을 영어로 듣고 중국대학을 갈 수 있는 기적을 만들어주었습니다. 이곳에서 겪은 일들을 통해 많은 것을 배우고 좋은 선생님들과 친구동생들 만나 잊지 못할 시간을 보낼 수 있었습니다. 좋은 기회를 주셔서 감사합니다.

- 5회 졸업생 이예은

제가 아는 다니엘 교장선생님은 하나님을 사랑하는 분이며, 젊고, 열정이 있고, 직접 발로 뛰시며, 눈물이 많고, 사랑이 많고, 총명하신 분입니다. 한 아이 한 아이 모두에 대해 자세히 알고 있고 염려하십니다. 염려가 시작되었을 땐 하룻밤이 지나기도 전에 도움의 손길이 현실이 되곤 합니다. 그 염려는 학업과 관계와 신앙과 가정... 모든 분야에 관한 것들입니다. 저는 그 염려와 도움에 그 빚을 진, 아이를 맡긴 학부모입니다. 이 기회를 빌어 감사의 마음을 전합니다. 이 책을 통하여 많은 사람들이, 또 교육자들이 은혜와 도전을 받고, 새로운 대한민국을, 하나님 나라를 만들어 갈 수 있기를 기대합니다.

- 준우 혜우 엄마

제가 느낀 페이튼기독국제학교는 우등생보다는 착한 학생이 더 대접받고, 착한 학생이 되도록 가르치는 학교입니다. 강한 학생이 약한 학생을 돕도록 배우는 학교입니다. 약한 학생이 자기 소리를 내도록 하는 학교입니다. 한 사람의 약한 학생을 위해 나머지 학생들이 행복하게 불편을 감수하는 학교입니다. 어울려 살아가는 법을 가르치 학교입니다. 선생님들의 제자 사랑이 너무 깊어서, 나라면 이럴 수 있을까 반성하게 하는 학교입니다. 부모와 학생의 관계를 회복해 주는 학교입니다. 올바른 가정이 되도록 부모를 가르치는 학교입니다. 2년전 페이스튼을 만난 것은 아이와 저에게 최고의 선택이었습니다.

- 졸업생 지민 아빠

작지만 약하지 않은,

한걸음 한걸음 내딛고 있지만 그 한걸음이 의미차고,

뜻이 있어 그 발걸음이 헛되지 않으며,

행선지를 향한 방향이 분명하고 약속을 쉽게 여기지 않고,

사람을 하찮게 여기지 않으며 학생들의 웃음에 큰 의미를 두고,

학생들에게 모든것을 쏟아부을 준비가 되어있고,

삶의 기쁨을 감사할 줄 알고,

소망과 소명이 뿌리깊게 존재하는 학교 입니다.

– 강유진

중•고•대•대학원 수석/장학생으로 키운 엄마의 간증!

미국의 예일, 줄리어드, 노스웨스턴, 이스트만, 브룩힐, 한예종, 예원중에서 수석도 하고 장학금과 지원금으로 그동안 10억여 원을 받으며 공부하는 두 아이지만, 그녀는 성품교육을 더 중요시했다.

두 자녀를 잘 키운 삼숙씨의 이야기

정삼숙 사모 지음

CBS-TV
「새롭게하소서」
저자 간증 QR

윤택하고 아름다운 인생을 살고자 한다면 이 책이 그 방법을 쉽게 가르쳐줍니다!

간단하게 따라서 믿는 마음으로 읽기만 하면 됩니다!

"… 너희 말이 내 귀에 들린 대로
내가 너희에게 행하리니"(민수기 14:28하)

하나님 말씀으로 「축복 선포 기도」
아름다운 입술의 열매
〈건강한 자아 형상 회복과 기적〉

쨩 샤 워 비 루 원저 ● 임철현/조한미 편역

자녀를 위한 30일 작정 기도 교과서

자녀를 위한 구체적인 기도 방법 제시

제1일   기도하는 부모를 둔 자녀
제5일   영원히 미래가 보장된 자녀
제10일 하나님께서 주신 자기 모습을 사랑할 줄 아는 자녀
제15일 하나님께서 주신 재능과 은사를 알고 있는 자녀
제20일 건전한 정신을 가진 자녀
제25일 좋은 배우자를 만나는 자녀
제30일 믿음이 성장하는 자녀

자식의 장래는 부모의 무릎에 달려있다

스토미 오마샨 지음

항공사 승무원, 방송인, 찬양 사역자, 목사 사모,
교수, 두 아들의 엄마, 그리고 상담심리 치료사로⋯
삶의 현장 고비고비에서 주님과의 동행 간증!

〈저자의 다른 저서〉

베스트셀러 『하나님이 하셨어요』 저자

하나님이
하십니다!

정경주 사모 지음

맞춤형 30일간 무릎기도문 시리즈

기도만이 답이며 해결입니다!

가정❶ 자녀

가정❷ 가족

가정❸ 남편

가정❹ 아내

가정❺ 태아

가정❻ 아가

가정❼ 부모용
재난재해안전

가정❽ 자녀용
재난재해안전

가정❾ 십대부모

가정❿ 십대

자녀축복
안수기도문

부모를 위한
기도문

교회❶ 태신자

교회❷ 새신자

교회❸ 교사

번성을 위한
기도문

"두려워하지 말라 나는 네 방패요 너의 지극히 큰 상급이니라" (창15:1)

망망한 바다 한가운데서 배 한 척이 침몰하게 되었습니다.
모두들 구명보트에 옮겨 탔지만 한 사람이 보이지 않았습니다.
절박한 표정으로 안절부절 못하던 성난 무리 앞에 급히 달려 나온 그 선원이
꼭 쥐고 있던 손바닥을 펴 보이며 말했습니다.
"모두들 나침반을 잊고 나왔기에 … "
분명, 나침반이 없었다면 그들은 끝없이 바다 위를 표류할 수 밖에 없을 것입니다.

우리는 삶의 바다를 항해하는 모든 이들을 위하여
그 나침반의 역할을 하고 싶습니다.
우리를 구원하신 위대한 주 예수 그리스도를 널리 전하고 싶습니다.

"하나님은 모든 사람이 구원을 받으며
 진리를 아는 데에 이르기를 원하시느니라"
 (디모데전서 2장 4절)

심장이 뛰는 소리

지은이 │ 가현진 Daniel K. Paxitzis
발행인 │ 김용호
발행처 │ 나침반출판사

제1판 발행 │ 2016년 7월 15일

등   록 │ 1980년 3월 18일 / 제 2-32호
주   소 │ 07547 서울특별시 강서구 양천로 583
          블루나인 비즈니스센터 B동 1607호
전   화 │ 본사 (02) 2279-6321 / 영업부 (031) 932-3205
팩   스 │ 본사 (02) 2275-6003 / 영업부 (031) 932-3207
홈   피 │ www.nabook.net
이메일 │ nabook@korea.com / nabook@nabook.net

ISBN   978-89-318-1520-7
책번호   가-9053

값은 뒷표지에 있습니다.